给我
5分钟！

献给伊万（Ewan）和弗洛伦丝（Florence）……这本书为你们而写。

图书在版编目（CIP）数据

5分钟亲子游戏 /（英）黛西·厄普顿著 ；美同译. — 北京 ：北京联合出版公司，2024.2
ISBN 978-7-5596-7276-6

Ⅰ. ①5… Ⅱ. ①黛… ②美… Ⅲ. ①婴幼儿－家庭教育 Ⅳ. ①G781

中国国家版本馆CIP数据核字(2023)第235810号

Five Minute Mum written by Daisy Upton
Original English language edition first published by PENGUIN Books Ltd, a part of the Penguin Random House UK group.
Text and additional photography copyright © Daisy Upton,2020
Photography by Cristina Pedreira Pérez
Photography copyright © Cristina Pedreira Pérez 2020
Illustrations copyright © Shutterstock
The author and photographer have asserted their moral rights
Simplified Chinese edition copyright©2024 by Beijing Tianlue Books Co.,Ltd.
All rights reserved.
封底凡无企鹅防伪标识者均属未经授权之非法版本。

5分钟亲子游戏

作　者：[英]黛西·厄普顿	北京联合出版公司出版
译　者：美　同	（北京市西城区德外大街83号楼9层　100088）
出 品 人：赵红仕	北京联合天畅文化传播公司发行
选题策划：北京天略图书有限公司	北京盛通印刷股份有限公司印刷　新华书店经销
责任编辑：孙志文	字数83千字　889毫米×1194毫米　1/16　14.5印张
特约编辑：高锦鑫	2024年2月第1版　2024年2月第1次印刷
责任校对：钱凯悦	ISBN 978-7-5596-7276-6
美术编辑：刘晓红	定价：89.00元

版权所有，侵权必究
未经书面许可，不得以任何方式转载、复制、翻印本书部分或全部内容。
本书若有质量问题，请与本公司图书销售中心联系调换。
电话：010-65868687　010-64258472-800

[英]黛西·厄普顿 ◉ 著

美同 ◉ 译

北京联合出版公司
Beijing United Publishing Co.,Ltd.

目 录

引 言	1
如何使用这本书	4
5分钟工具箱	6
黄金法则	9
第1章 经典游戏的新玩法	**11**
提升言语和语言能力的5个小技巧	46
第2章 认识字母和数字	**49**
鼓励宝宝独自玩耍的5个小技巧	92
第3章 "来吧，你我来比一比"	**95**
5分钟妈妈的"不可能三角"	128
第4章 入学前玩的小游戏	**131**
什么是拼读	172
第5章 小小游戏	**177**
5分钟小食与饮料	218
5分钟够吗	220
致 谢	222

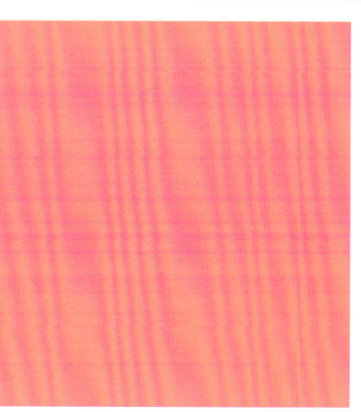

引言

请允许我先讲一段我自己的经历。

那是2018年1月,三十多年来最冷的一个冬天。我还记得,天气预报员把这件事唠叨了好几个月。愉快的新年夜刚过,我就得了所谓的"澳洲流感"。即便在平时,这种流感对人的影响也非常大,何况我当时正在家里陪伴3岁的哥哥伊万和1岁的妹妹弗洛伦丝。从早到晚,两个孩子一直缠着我跟他们玩,完全不在乎他们的妈妈当时有多难受,也不理会她刚刚才冲着厨房的水槽吐了个昏天黑地。

外面冷得要命,没办法出去。我当时状态也不好。于是我提议一起做个小手工,糊个热气球。我还记得我当时的想法:

我先吹几个气球,再让两个孩子慢慢往气球上贴纸条,贴完还能在上面涂颜色。我天真地认为,这样一来他们就能有事情做,而不用来烦我了。

我立即行动,开始准备材料。我先做了一个固定气球的架子,接着用报纸撕了许多小纸条,还准备了胶水。这些事情花了我将近40分钟。在这当中,两个孩子一直在我的脚边蹭来蹭去,打打闹闹,还不停地向我抛出各种问题。

而他们最后到底花了多少时间来做手工呢?

弗洛伦丝坚持了2分10秒。接着4分半钟后,伊万叹了口气说:"我现在能看电视了吗?"

最后,手工是我自己做完的。

第二天,我让两个孩子来给热气球涂颜色,可同样的一幕又上演了:他们对这件事情毫无兴趣,随后还得我来收拾残局……我饱受摧残的热心碎了一地。"**这,也,太,难,了!**"我心里忍不住想要大吼,"**这,也,太,难,了!**"

我得找点别的、容易些的事情来跟他们一起做。这次的热气球手工几乎没有教会他们任何东西,只是告诉他们,玩腻了会有妈妈来救场。我甚至没法安安静静地把药吃下去。

流感痊愈,我的精神状态也好转后,我开始采取行动。我是一名经过认证的助教,教过整班整班的3~6岁孩子。我受过专业训练,治疗过失读症、言语障碍和语言障碍患童。虽然我已经不再从事过去的工作,但我也是两个未满4岁孩子的母亲。

我肯定能想出一些适合我们一起玩的游戏，想出事前无需太多准备，或事后也不必费力收拾的消遣，以及亲子双方都能从中有所收获的活动。

而我也正是这样做的。我想出了既能让孩子们有的玩，又不会搞得一团糟的许多点子；想出了你在状态不佳时、只需跟孩子们玩5分钟时，或者你想跟孩子们玩却没有多少时间时可以考虑的许多选项；想出了准备时间不超5分钟，只需用到家常物品（而非热熔胶枪或者75个空纸卷芯，我在网上收藏的许多小游戏都会用到这类不常见的东西）的许多小游戏；想出了能让你和孩子们都能尽兴的许多主意；也想出了有益孩子们成长又不失趣味的许多活动。

我把它们全部记录了下来。它们有的来自我做教师时的实际经验，那些存在各种学习障碍的孩子促使我想到了它们；有的取自让我知道幼儿教育应当简单并应充分尊重孩子意愿（这么做通常都是最好的）的优秀同事，特别是厄拉姆天赋小学（Irlam Endowed Primary School）的同事们，谢谢你们；有的是我在陪伴孩子时，或是我在冲澡，两个孩子在我脚边玩水时突发奇想来的。

我的点子源源不断。我把它们告诉朋友，朋友又把它们告诉朋友的朋友，于是我开始意识到，或许很多父母都需要这类点子。我很幸运，能在有孩子之前接受早期教育的专业训练，可多少父母能得到关于如何陪孩子玩的训练呢？产前课程会讲如何教孩子学认字母吗？会讲怎样摆放玩具才能持续吸引孩子注意超过30秒吗？会讲如何让孩子安静地玩"泡茶和做蛋糕"游戏并坚持3分钟以上吗？不会。

那些想给予孩子高质量陪伴却分身乏术的上班族父母又该怎么办？

谁能有那么多时间去准备复杂的热气球手工来跟孩子玩？

没有人。我们都想成为理想中的"完美"父母，可我们也得承认，我们没有那么多精力去实现它。毕竟，满屋子的家务已经够烦了。

所以，我这个5分钟妈妈就写了本书，介绍可供学龄前儿童玩耍的现实可行的各种小游戏。所有游戏的准备时间都不会超过5分钟，因为我知道，万一孩子不喜欢玩，那也没什么大不了，我只需再花5分钟打扫就好，不会搞得叫苦连天。可一旦孩子喜欢玩，小家伙就可能玩上5分钟或更久。他们会学到新东西，而我也会在育儿这件事上信心倍增。

我设计的这些游戏都十分简单，所用到的东西，许多家庭都有。万一没有，一般也有替代品。有些游戏是亲子一起玩的，你可以轻松地加入进去，享受其中的欢

乐。有些游戏是供孩子独自玩上几分钟的，这样你就能脱出身来，到浴室里享受难得的片刻安宁。

2018年患"澳洲流感"期间的那回热气球手工以惨败收场后，我开始更新博客，可我从没想过它竟然能够有如今的影响力，这真是意外的惊喜。我总是很高兴听到其他父母说，他们只是想知道他们在养育孩子这件事上做得还算不错，哪怕他们自觉永远都没有时间来把这件事做得面面俱到，因为我也有同样的感受。

于是，我为你准备了这些小游戏。倘若有一天，你发现自己屡受挫折，那么就可以捧起这本书，从那些便捷实用的点子里挑出一个，接下来你或许就能够化腐朽为神奇。因为，我们都领略过孩儿脸的阴晴不定。有时候，5分钟就足以扭转乾坤。

关于语言……

常看我博客的读者们可能会发现，这本书里的语言似乎更显"温和"，这并非因为我已经改掉了背着孩子在心里默默爆粗口的习惯，因为我还是老样子。坦白说，照看孩子这件事已经把我们爆粗口的潜能彻底激发了出来。不过，跟我的博客不一样的是，这本书是孩子会见到的。而且，我很关心教孩子正确发音的事，我可不想让他们看了书以后来问你，某一句粗口该怎么读。

所以，我已经把语言的激烈程度调低了一两个档位，也提供了一些代用语，以防我们一气之下大叫："哎呀！我——"，然后发现我们的两岁孩子正睁大眼睛看着我们，最后只能接着说："的老天"。

如何使用这本书

这本书里包含了许多可供1~5岁孩子玩耍的许多有意思的小游戏。而且，这些小游戏还能帮助孩子提高"英国早期基础阶段教育体系"①（EYFS）里的多项技能。也就是说，我的这些小游戏还有促进孩子成长的作用。所以，在给孩子玩这些游戏时，你大可以小小得意一番，因为你们不仅是在共享欢乐时光，你还在帮助孩子提升所有的必备技能。这不是走捷径吗？是的，这就是走捷径！

在每个小游戏的第一页，你都能找到这个游戏所能锻炼的一系列技能，以及所适合孩子的年龄范围。这些信息仅供参考之用，无须严格遵循。如果你家的一岁宝宝想玩某个3岁以上孩子玩的游戏，那也没什么不可以，反过来也一样。

关于安全

虽然许多事关安全的注意事项都是常识，但我还是想重点强调一些事情，因为我不了解你的情况。倘若我整宿没睡，我昏沉的脑袋也会忽视最最基本的安全注意事项。所以，在给孩子玩书中介绍的小游戏时，你还是需要考虑以下这些事项：

- **磁力字母和磁力数字**只能给3岁以上的孩子玩。这些玩具的背面可能会有磁铁掉出来，如果小孩子把这些磁铁吞下去，后果可能会非常严重。所以这类玩具不适合未满3岁的孩子玩。

- 我和孩子都喜欢**活动身体的游戏**。但如果外面下雨，我们就得在屋里玩。这时，我会担心茶几磕到孩子，于是我把茶几搬了出去。如果你打算让孩子在家里玩活动身体的游戏，那就要事先检查家里是否有尖锐的物品，接着要么把它搬到外面，要么想些别的办法来避免孩子受到伤害。

- 最后是**水**。对很小的孩子来说，即使小小的一碗液体也可能造成窒息。所以，如果游戏中要用到水，你就要严加防范。你当然可以手里端杯喝的，但你一定得盯紧了。何况，孩子开心玩水的样子确实可爱极了！

---

① Early Years Foundation Stage，英国早期基础阶段教育体系，是英国政府提出的早期教育体系。——译者注

如何使用这本书

图例：

年龄： 这一数字来自我的实际经验。前4章的许多游戏只适合2岁以上的孩子玩，但最后一章有许多适合1岁孩子玩的游戏。

大肌肉运动： 较为剧烈的身体活动，例如，跑、跳、投掷和平衡。

精细运动： 与大肌肉运动相反，一般指坐着完成的活动，例如，握笔和穿线。

说话： 书里的所有小游戏都有助于提升这一技能！带有这一标志的游戏对孩子们学说话很有好处。

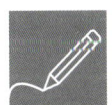
涂画： 用笔在纸上涂画是孩子们学习写字的必要步骤。带有这一标志的游戏对孩子们学习用笔很有帮助。

认识数字： 这类游戏的关注点是数字，但你往往也可以用字母或别的东西来代替数字。

认识字母： 这类游戏能帮助孩子们学认字母，但你也可以灵活运用，例如，借助它们来让孩子们认识数字、单词等别的东西。

5分钟工具箱

在大多数情况下，我都希望你能用家里已经有的东西随时随地地给孩子们玩这本书里的许多游戏。我跟两个孩子就是这样做的。在设计新游戏时，我也是这样思考的。我经常问自己："可以拿什么东西来玩呢？"养孩子已经很花钱了，为了玩游戏而必须购买的东西自然越少越好！

不过，你可能也需要把游戏中经常用到的东西集合在一起，以便在孩子的假期和阴雨天随手取用。下面是我经常会用到的东西，以及我觉得值得购买的玩具，因为你的孩子们会一遍又一遍地玩它们。

文具类工具

- 签字笔、铅笔
- 粉笔
- 各种颜色的彩纸、彩色卡片
- 纸胶带
- 剪刀（包括你用的和适合孩子们用的）
- 曲别针
- 便利贴（或者其他黏性贴纸）
- 白板记号笔
- 彩笔

餐厨类工具

- 塑料杯
- 各种餐具（勺子、铲子等）
- 托盘
- 蛋糕模具或烤盘
- 锡纸
- 水桶或沥水篮

小工具

- 气球
- 蓝丁胶（或者其他无痕胶）
- 骰子（色子）
- 可重复使用的吸管
- 夹子
- 细绳
- 荧光棒

5分钟工具箱

可回收利用物

- 旧报纸
- 大小各异的纸盒
- 带瓶盖的塑料瓶
- 配有小勺的奶粉罐或洗衣粉罐

值得买的玩具（我经常用到！）

- 拼图和手抓板（嵌板拼图）
- 各种积木
- 上面有字母或数字的玩具，例如，木制拼板、可以在洗澡时玩的泡沫字母和泡沫数字、可以踩上去的泡沫垫或磁力垫（尽量同时包含大写字母和小写字母，或者优先选用小写字母，因为阅读时更常见到的是小写字母）
- 各种球，例如，小球、弹球、乒乓球和足球
- 小号毛绒玩具
- 橡皮泥
- 可擦除写字板，例如，白板、黑板和磁力画板
- 玩具交通工具，例如，玩具汽车、玩具火车、玩具挖掘机和玩具卡车
- 玩具沙子（特别是动力沙！）
- 玩具茶具
- 乐高积木（或者其他类似积木）
- 各种乐器
- 食物模型
- 玩具医疗箱
- 玩具工具箱

你家里应该有这些物品中的大多数。如果没有，我也会尽可能地给出替代品，这样你就无须再去破费了。你也可以访问我的网站，了解关于准备工具箱的更多信息。

7

黄金法则

我的这些小游戏只有一条黄金法则。不论我们玩什么游戏，我都遵循它，那就是：

永远要让孩子们主动来玩！

不要一边拍手，一边说："好了，孩子们，我们要来玩这个非常好玩的游戏了！"即便你用上了最具煽动性的声音，他们也能立即**看透**你的心思。

他们的小脑袋里会这样想："你想教我点什么东西，我才不要学，才不要！"

或者，如同我那次以惨败收场的热气球手工，孩子们只会在你的脚边打打闹闹，同时向你抛出连珠炮一般的各种问题。而这时的你只会越来越烦躁，极力克制自己不要大喊："你们就不能消停两分钟，让我把这个**好玩的**游戏准备好吗？！"

我们应该怎么做呢？

我们应该在孩子们做别的事情、睡觉或上幼儿园的时候把游戏道具准备好，然后**等待**孩子们自己来**发现**，等他们来问你："这是什么？"这时，你就可以假装漫不经心地回答："这是一个小游戏，你想玩吗？"这样一来，孩子们就会开始玩了。

或者，如果你确实很想鼓励孩子们玩，那也什么都不要说。准备好游戏道具后，你可以自己先去玩。等孩子们走近，你就可以问："你也想玩吗？"

勾起孩子们的兴趣后，你就可以解释游戏的玩法了。这一步很关键，你最好能表现一点**幼稚**出来。例如，故意犯错、大笑、发出搞怪的声音，或者学动画人物讲话。用孩子们能够理解的方式来吸引他们。你希望孩子们心里想："我也要玩这个游戏！"用教育工作者的话来说，这叫作以孩子为主导。不过用大白话来讲，这就是："让他们以为自己在掌控局面，因为假如我们发号施令，他们就会不买账。"让孩子们来决定要不要加入游戏，以此来让孩子们成为游戏的主导者。这么做能激发孩子们的参与感，也能减轻我们吸引孩子们关注的压力。

所以，我们的**黄金法则**就是：永远不要把游戏强加给孩子！

如果孩子们主动来玩，那当然很好，可假如他们不来玩呢？——那就尽可能地把游戏搁在那里。他们或许稍后会去关注，当然也可能不会。不过这并不重要，因为这戳破天也就是5分钟的事。

第1章 经典游戏的新玩法

我们只能尝试

击鼓传拼块
玩具摸奖
迷你高尔夫
套 圈
钓鱼宾果
杯子游戏
音乐字母
开饭店
聚会游戏
跳房子
什么不见了
纸飞机
晾衣绳识字
侦探游戏
推"硬币"

我们只能尝试

没有万应灵药，游戏也一样。

也许，在一本写满游戏点子的书开头这样讲有些奇怪，但我还是要提前讲清楚，因为事实就是这样。

如果养育两个孩子的经历让我明白了什么，那就是，你得把期望值降低到零。这样一来，你就总能感受到惊喜了！

就像我已经说过的那样，游戏"准备时间不超5分钟"的优点在于，不管宝宝们对游戏是不是感兴趣，还是只玩了半分钟，还是玩过后发现不喜欢，还是（最差的情况）把游戏道具乱扔，那都没有关系。因为准备时间只有5分钟，大不了再玩一个。

有时候，孩子们没有心情玩游戏。有时候，你挑选的某个游戏无法让他们沉浸其中。这都没有关系。继续尝试就好。

如果你家的宝宝对某个游戏没有兴趣，你就可以：
- 自己先开始玩，看这么做能否激发他们的兴趣。
- 先把游戏搁一阵子，或者搁到第二天，看孩子们能否改变想法。
- 干脆把游戏收起来，换个时间再做尝试。

如果在你玩游戏的时候，孩子们改变了游戏的玩法，也就是说，他们想用自己的方式来玩，那就随他们去。就按他们的方式来，看看结果会发生什么。如果在玩游戏时，你一直在跟孩子们聊天，那么不管游戏具体是如何进行的，你都已经做得很好了。

如果玩到一半，孩子们突然不想玩下去了，或者开始用搞破坏来表达不满，那也没关系，安静地走开就好。如果孩子们不想玩，那就不玩。毕竟，玩就是为了高兴。如果孩子们体会不到乐趣，停止就好。

经典游戏的新玩法

1

我们只能尝试

两个孩子在家时，我每天上午或下午都会尝试给他们玩一个5分钟小游戏。你尝试得越多，你就越能猜到他们喜欢玩什么类型的游戏。那些游戏能让宝宝们的小脸上写满欢乐，也能让你欣慰无比。

重要的是：只要你在尝试，你就走在正确的道路上。实际上，我们只能这样做，不是吗？小家伙们都有独特的个性和情绪，难以捉摸。谁也说不好他们到底喜欢哪一个游戏。我们只能试错。如果你让我说，那么尝试就是唯一的正途。

所以，不是所有的游戏孩子都爱玩，勇于尝试就好，因为只要孩子喜欢，欢笑声响起，我们的心里或许就会感到无比神奇。

如果游戏过后通常是加餐时间，你就可以把食物包在最里面，在游戏的最后一刻，让里面的食物突然亮出来，给孩子们一个惊喜！

如果你只有一个孩子，你就可以拿一些毛绒玩具出来，让孩子代表它们参与游戏。

对于大一些的孩子，你可以用能够组成单词的几块字母积木或磁力字母来代替拼块（也可以把单词写在纸上，再用剪刀剪开）。孩子们必须把单词拼出来才能结束游戏。

经典游戏的新玩法

击鼓传拼块

手抓板（嵌板拼图）几乎家家都有，不是吗？可是，只要拼过一次，这些手抓板往往就会被收到柜子里，不会再拼了。这时，我们就可以用欢快的音乐来让这些手抓板重现光彩！（顺便说一句，如果你真想让孩子们继续玩手抓板，就可以把它们摆在外面，让孩子们自己去发现。如果它们仍旧存放在柜子里，那么孩子们是不会把它们拿出来玩的。只要你把手抓板取出来，打开，孩子们见到了就很可能会去拼一阵子——而你则可以安享5分钟的宁静时光！）

道具：

- 一套手抓板
- 报纸
- 纸胶带
- 可以播放音乐的设备

准备：

1. 花5分钟，用报纸包裹拼块，每一层放一块拼块。
2. 准备好音乐。
3. 把纸包放到显眼的地方，等待孩子们去发现。（**不要忘记黄金法则！**）

开动：

1. 跟孩子们围坐在一起，播放音乐，传递纸包。
2. 悄悄地让音乐暂停，这时纸包在谁手里，谁就要把纸包打开一层。
3. 把纸包里包着的拼块拼到正确的位置。如果孩子们遇到困难或年龄太小，那就帮帮他们。
4. 再次播放音乐，重复前面的步骤，把纸包层层打开，完成拼图！

伊万在学数数的时候总是漏掉15，于是我们把这个小游戏玩了很多次。

如果孩子特别小，刚开始认识数字，你就可以给玩具也编上号，以方便孩子们找到"奖券"上的数字所对应的玩具。

经典游戏的新玩法

玩具摸奖

伊万即将上预备班（小学第一年）前，校方邀请我们参加学校的夏日欢庆会。我欣喜地发现，尽管30年过去了，那里的一切几乎还是老样子！有人在跳传统舞蹈，有抽奖券，也有充气城堡。老旧音箱里断断续续地传来校长兴冲冲的打趣声。更让我感到惊喜的是，我们看到了摸奖的台子，我小时候最喜欢玩的项目仍然在这里。就在那时，我突然冒出了一个主意……

道具：

- 一支笔、几张纸
- 一把剪刀
- 一个小箱子、小篮子或小包
- 5个、10个或20个小玩具（可根据人数增减）

准备：

1. 把孩子正在学着认的数字写在纸上（1～5、1～10或1～20），用剪刀剪开。
2. 把剪下来的小纸片对折几次，放进箱子、篮子或包里。
3. 把小玩具排成一列，供孩子们拿取。

开动：

1. 一边晃动箱子、篮子或包，一边说："摇一摇！摇一摇！"
2. 让孩子们抽取一张"奖券"后打开（这个动作对孩子们来说可能有点难，但你还是要让他们自己做，这是锻炼精细运动能力的好机会！）。接着让他们念出上面的数字（念不出时要帮帮他们）。
3. 知道数字是多少后，跟孩子们一起顺着那列小玩具数数，找到"中奖"的玩具。
4. 把"中奖"的玩具拿走，接着把写着数字的"奖券"放到原来放玩具的地方。
5. 重复前面的步骤，直到孩子们"赢"走所有玩具。这时，孩子们已经把玩具数了好多遍，而且眼前还有一列可爱的数字可以供他们继续数！

17

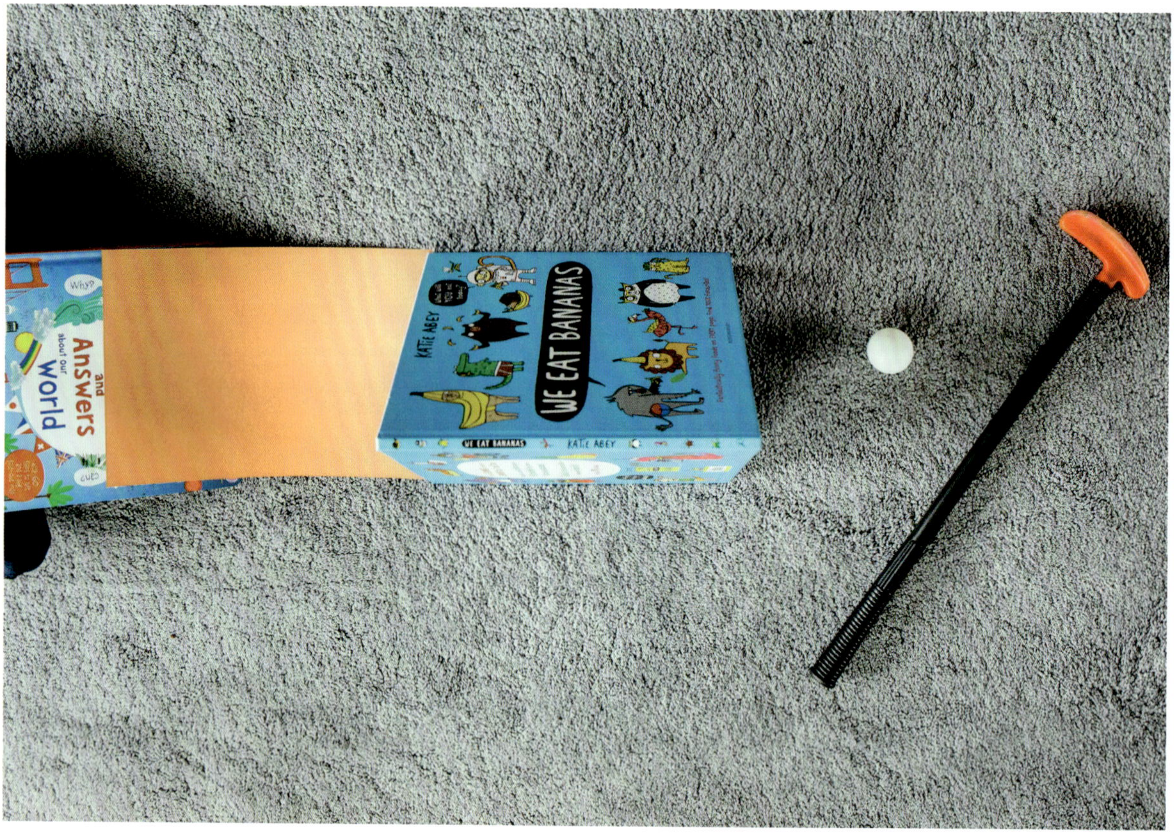

这个小游戏很适合用来帮助孩子们理解不同数字之间的大小关系。

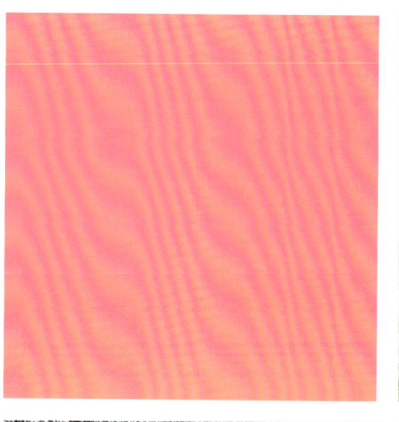

经典游戏的新玩法

迷你高尔夫

　　一卷锡纸用完后，纸卷上往往还残留着一块。这时，你就可以把这块锡纸团成小球，同时纸卷也不要扔掉。这两样东西能用来玩**很多**小游戏，例如迷你高尔夫！伊万9个月大时，我们一起去了度假公园。路过高尔夫场地时，我把孩子丢给奶奶，尝试打了一杆，结果一击入洞！我真该见好就收，因为第二个洞我打了23杆才进！

道具：

- 一个杯子
- 几个垫子
- 几本大开本精装书
- 一个小球
- 一根管子或棍子（用来当球杆）
- 用来计分的工具

准备：

1. 把杯子放倒当球洞。
2. 用垫子铺一个迷你高尔夫球场。
3. 用精装书摆出通道或斜坡。
4. 把球杆和球放在击球点，等待孩子们来发现。

开动：

1. 快速给孩子们示范如何击球。
2. 一人击球，另一人在计分板上记下击打的杆数。
3. 换人击球，同时换人计分。
4. 谁打的杆数少，谁就获胜！
5. 调整球洞和通道的位置，重复上面的步骤！

我曾经用牛奶瓶盖写上数字来玩这个小游戏。

你也可以使用组成孩子名字的各个字母。孩子们把所有字母赢到手后，让他们把自己的名字拼出来。

经典游戏的新玩法

套 圈

这是一个非常经典的小游戏！用圆圈套住什么就可以拿走什么！在我家，这个游戏有两种玩法：在院子里用大的呼啦圈套，在屋里用小圆圈套。每年过万圣节都会留下许多用过的荧光棒，拿3根首尾相接正好能围成一个圈，而且十分耐用。

道具：

- 5个杯子
- 5个带有字母或数字的小玩具（如果你没有，可以将字母或数字写在纸上，然后将它们一一剪开）
- 圆圈若干

准备：

1. 把杯子倒扣在地上、茶几或沙发上。把带有字母或数字的小玩具放在杯子上。
2. 把圆圈放在旁边，等待孩子们来发现。

开动：

1. 尝试用圆圈套住杯子，赢得相应的带有字母或数字的小玩具。
2. 你们也可以轮流套圈，看谁套到的小玩具最多。

如果孩子对某个字母不熟悉，你就可以把这个字母连同孩子熟悉的字母一起写到孩子的宾果卡上。

经典游戏的新玩法

2+

abc

钓鱼宾果

钓鱼和宾果都是70多岁的人爱做的事，我把它们改造了一番后拿给孩子们玩。它的游戏规则是：用钓鱼的方式来收集宾果卡上的字母，谁先集齐，谁就获胜！当然，你也可以尽情想象，用其他各种办法来把"帽子"里的字母弄出来。家里没有磁力字母怎么办？我曾经把字母写在纸上，用剪刀一一剪开，再拿吸管去把这些写了字母的纸片吸出来！

道具：

- 一支笔、几张纸
- 一把剪刀
- 磁力字母
- 金属小物件（例如，一枚大号曲别针，我给孩子们用的是一个开瓶器）
- 一小段细绳或丝带
- 一个碗

准备：

1. 用纸和笔为每人画一张宾果卡，写上4个字母（须是磁力字母里包含的字母），每张宾果卡上的4个字母都不相同。
2. 把金属小物件拴在细绳或丝带上，做成"鱼钩"。
3. 把磁力字母放进碗里，并且遵守**"黄金法则"**，等待孩子们来发现。

开动：

1. 每人领取一张宾果卡。然后轮流用"鱼钩"从碗里钓出一个磁力字母。
2. 如果钓到的磁力字母跟宾果卡上某个字母一样，那么就把磁力字母放到那个字母上面。
3. 谁最先集齐4个磁力字母，谁就获胜！胜利者还要大声喊"宾果！"（BINGO！）。

杯子游戏

身为父母，我们有时会有5分钟的空闲时间，例如，等水开，或者等洗碗机结束工作。这时，我们就可以抓住机会来给孩子们玩一些无须费力准备的游戏，这样他们就不会来给我们添乱了。你需要用到什么东西呢？杯子！

杯子保龄球

道具：

- 6个塑料杯或纸杯
- 一个小号足球或网球

准备：

1. 在地上把杯子叠成金字塔形，3个在底下，2个在中间，1个在上面。

开动：

1. 用脚踢小球，撞倒杯子塔。
2. 轮流叠杯子。
3. 试过踢球后，接下来可以尝试扔球或滚球，也可以用脑袋、膝盖或胳膊肘去撞杯子塔。你家宝宝能先用小球撞墙，再让小球反弹到杯子塔上吗？

经典游戏的新玩法

杯子打靶场

道具:

- 5个塑料杯或纸杯
- 5个小玩具、字母或数字
- 在地上充当标识的东西,例如,一小段细绳或一把尺子
- 一个小号足球或网球

准备:

1. 寻找一个适合孩子身高的平面,例如,把两把椅子摆在一起。
2. 把杯子倒扣在平面上,摆成一排,把小玩具、字母或数字放在杯底上,每个杯子上放一个。

开动:

1. 把细绳或尺子摆在地上充当投掷线。
2. 站在投掷线外,尝试用小球把杯底上的小玩具、字母或数字砸下来。
3. 轮流投掷小球,摆放杯子。

没有杯子?可以用塑料瓶或者回收箱里的各种零碎东西。

25

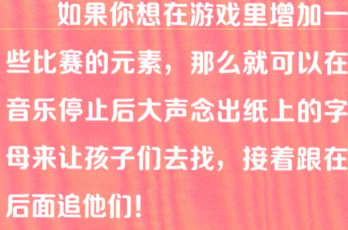

如果你想在游戏里增加一些比赛的元素，那么就可以在音乐停止后大声念出纸上的字母来让孩子们去找，接着跟在后面追他们！

经典游戏的新玩法

音乐字母

经验告诉我，简单的往往是最好的。如果我和孩子们只用一支笔和几张纸就能玩游戏，我会高兴一整天。因为无须耗时费力去清理，而且看到孩子们脸上绽放笑容，我心里也会自豪无比。每当孩子们问我"我们还能再玩一次吗？"，我的耳朵就像是听到了最动听的音乐！（当然，只有在我有兴致玩下去的时候才是这样！）不过，说起音乐，我想起了下面这个小游戏：

道具：

- 10张纸
- 一支笔
- 可以播放音乐的设备

准备：

1. 在每张纸上写几个字母，可以是孩子名字里的字母，可以是拼读训练中的字母或字母组合（关于拼读的详细信息见第172页），甚至可以是单词。我一般会搭配着写，让纸上既有孩子们已经熟悉的字母，也有少数陌生或不熟悉的字母。
2. 把纸在地上摊开。
3. 准备好音乐。

开动：

1. 告诉孩子们，在播放音乐时，他们可以在纸片之间跳舞或溜达。一旦音乐停止，他们就要跳到一张纸上去，把上面的字母大声念出来。
2. 把念过的纸拿走，继续播放音乐。
3. 重复上面的步骤，直到地上一张纸也不剩。

在游戏的最后,你还可以让孩子们用泡泡水和"洗碗布"把小动物们的盘子清洗干净。

对于大一些的孩子,你可以把食物的名称写在"菜单"上,甚至可以让孩子们来写"菜单"。

经典游戏的新玩法

2+

开饭店

我家有一篮子食物模型，我们差不多每天都玩。两个孩子很喜欢它们，这让我很高兴。不过也有时候，我要一边啃着塑料香肠，一边第无数遍地说"嗯，真好吃！"，以至于我想跟孩子的爸爸交换人生！于是，我想出了一个更有意思的玩法……

道具：

- 一支笔、几张纸
- 5个盘子或5个碗
- 食物模型（或者用小块的真实食物来代替）
- 5只毛绒动物

准备：

1. 拿一张纸，把盘子或碗扣在上面，用笔顺着边缘画个圆圈，表示盘子。再用同样的方式把3个食物模型用笔描到"盘子"上，或者直接画上去。最后在纸的最上面画一只毛绒动物。
2. 重复上面的步骤，画出5只毛绒动物各自的"菜单"，菜品要各不相同。
3. 把5只毛绒动物摆成一排，或围成一圈。
4. 把盘子、食物模型和"菜单"放在旁边。

开动：

1. 告诉孩子们，5只小动物来饭店吃饭，各自都点了食物。
2. 让孩子们确定最先给哪只小动物准备食物，接着找到相应的菜单。
3. 为孩子们演示如何按照菜单找到正确的食物模型来放进盘子。
4. 上菜。让孩子们把装了食物的盘子端给点了这些食物的小动物。
5. 重复上面的步骤，让所有的小动物都得到食物。如果孩子们愿意，他们还可以继续喂小动物们吃饭！

不要忘记经典玩法"抢椅子"（音乐停止后坐到椅子上）和"音乐雕像"（音乐停止后保持不动）。它们很适合拿来消耗孩子们的体力。在游戏最后，你可以播放音乐，跟孩子跳5分钟的舞！

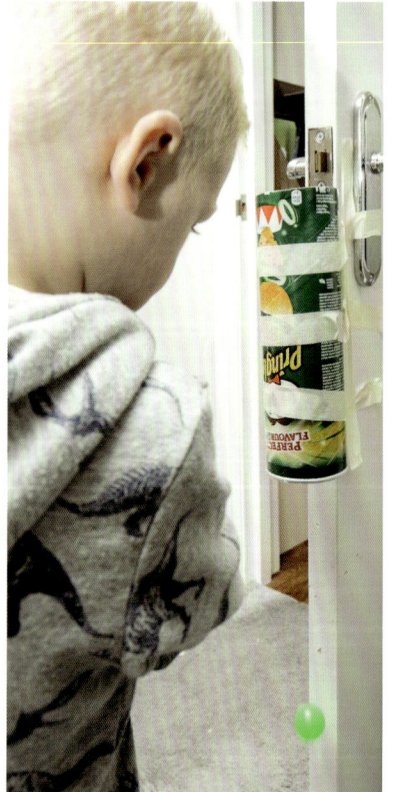

经典游戏的新玩法

2+

聚会游戏

拍老鼠

很多人都喜欢拿用完的空纸筒来偷偷地敲打别人的脑袋，发出"嘭"的一声。不过，空纸筒还有更有意思的玩法。你可以给你的孩子们玩玩下面这个小游戏。（当然，你也可以先用空纸筒来把所有人的脑袋都敲打一遍！）

道具:

- 纸胶带
- 一个纸筒
- 一个杯子
- 能装进纸筒的东西，例如，一个小球、一个小玩具，或者一个纸球或锡纸球

准备:

1. 用纸胶带把纸筒粘到门上或墙上。不要粘得太高，孩子们应该能伸手够到纸筒顶部。
2. 把杯子和小球（或小玩具）放在旁边的地上。

开动:

1. 让孩子们把小球（或小玩具）放进纸筒，然后在下面用杯子接住。他们既可以用手拿着杯子，也可以把杯子放在地上。
2. 上面的动作熟练后，你可以让孩子们尝试徒手去抓掉出纸筒的小球（或小玩具）。
3. 上面的动作掌握后，你可以让孩子们用"棒子"（例如，另一个纸筒或孩子的手）去击打尚未落地的小球（或小玩具）。

你也可以用同样的方式来玩《怪怪汤》（详见第169页）。让孩子们戴着眼罩选两个辅音和一个元音，然后摘掉眼罩，看看它们可以拼成什么好玩的单词。

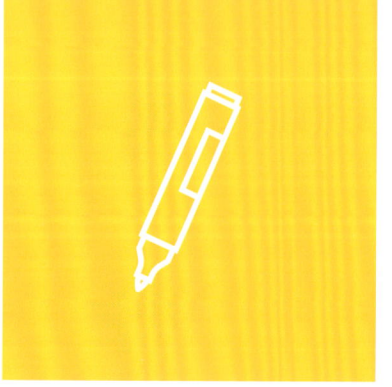

经典游戏的新玩法

2+

哈哈脸

我之所以能想出这个游戏，主要是因为我这辈子都没有画画的天赋！不过我还是能画一张脸。在那个11月的阴雨天，我和孩子困在家里哪儿也去不了，孩子们哭得厉害，正是这个机缘让我想出了下面这个游戏！

道具：

- 一支笔、几张纸或卡片
- 一把剪刀
- 蓝丁胶（或者橡皮泥）
- 能用来做眼罩的物品

准备：

1. 用笔在纸或卡片上画3张不一样的脸。例如，一张脸上的鼻子大大的，另一张脸上的鼻子尖尖的。
2. 把每张纸或卡片上的眼睛、鼻子、嘴巴和耳朵用剪刀剪下来，后面粘上蓝丁胶。
3. 在一大张纸上画一个立起来的椭圆形的"脸"，接着把纸固定在墙上或窗户上。
4. 把粘着蓝丁胶的眼睛、鼻子、嘴巴和耳朵贴在"脸"的上方。
5. 把眼罩放在旁边。

开动：

1. 孩子们发现游戏道具后，为他们示范如何佩戴眼罩。
2. 让孩子们在戴着眼罩的情况下把粘着蓝丁胶的小纸片依次贴到"脸"上，直到完成一张"脸"。你可以跟孩子们交流他们拿到的是什么，接着再耐心地引导他们把拿到的小纸片贴到正确的位置。
3. 贴好一张"脸"后，让孩子们摘下眼罩，欣赏他们的"杰作"！

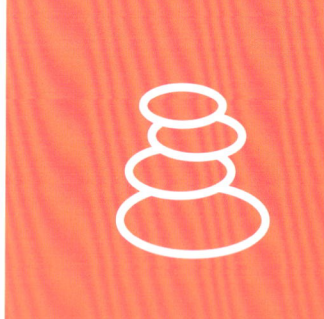

你也可以用数字泡沫垫在家里玩这个游戏！用蓝丁胶或橡皮泥来代替小石子儿。

经典游戏的新玩法

跳房子

显然，跳房子游戏不是我发明的，但我确实想让这个古老的游戏重新焕发生机。我小时候经常跟我奶奶玩这个游戏。她会在她家门前用粉笔画好格子，然后我们就会在上面玩上十几分钟。我不确定下面记录的是否是最普遍的玩法，但我跟奶奶就是这么玩的，而且很好玩！

道具：

- 粉笔
- 小石子儿若干

准备：

1. 用粉笔在地上画出10个格子和一条起点线，写上数字。
2. 把小石子儿放在旁边。

开动：

1. 轮流从起点线扔石子儿，先往1号格子里扔。规则是按数字顺序往每一个格子里扔石子。所以，你要先往1号格子里扔，然后2号格子、3号格子，依此类推。
2. 扔进去后就可以按顺序跳格子了，跳到格子10再跳回来，但石子儿所在的格子，也就是1号格子不能踩，否则要重新往里面扔石子儿。
3. 重复上面的步骤，依次跳其他格子。
4. 谁先跳到10，谁就获胜！

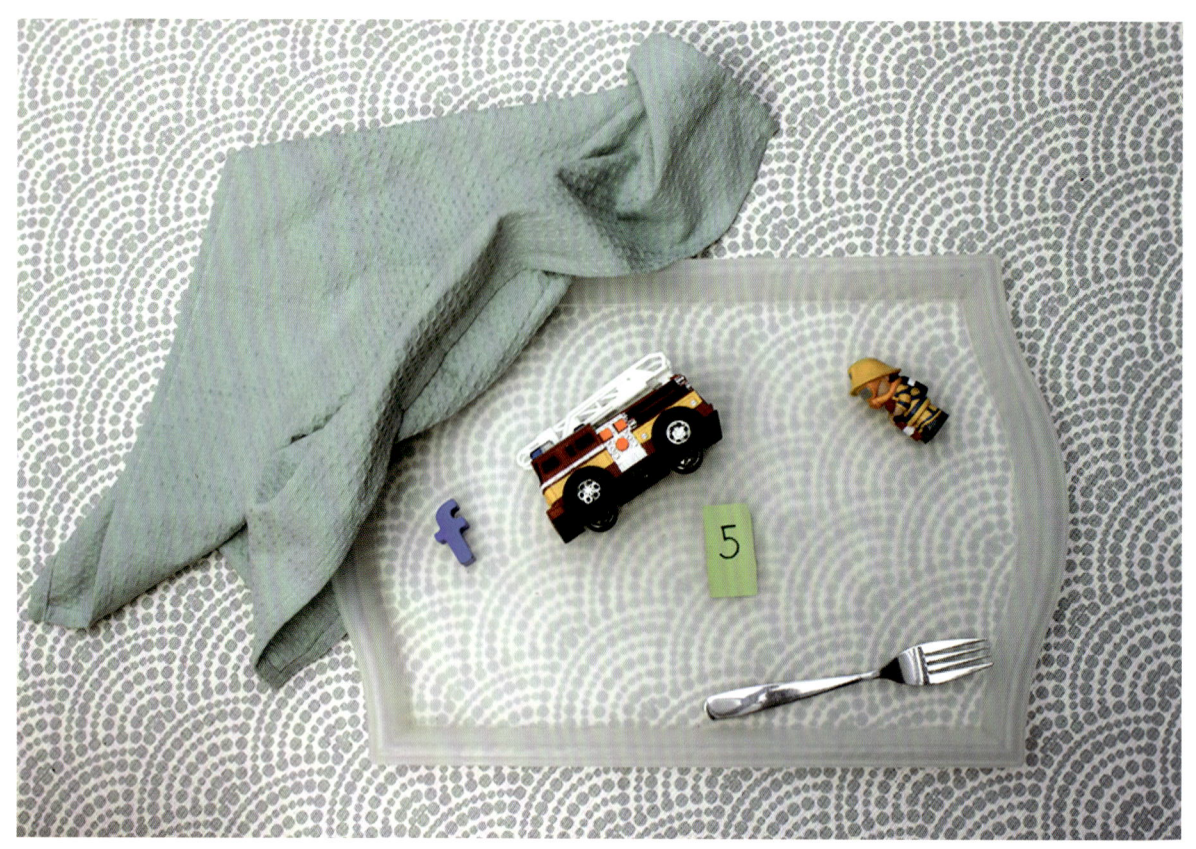

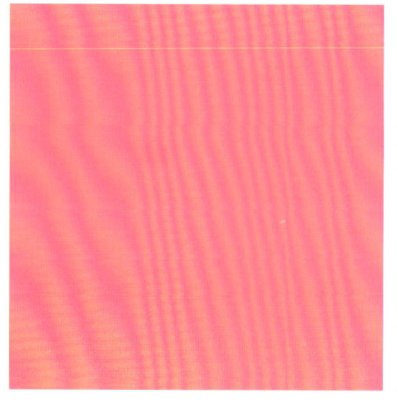

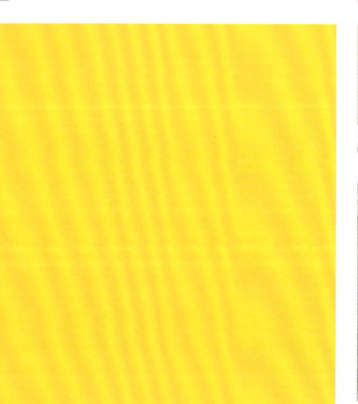

你们也可以交换角色，让孩子来选5件东西，你来猜。

经典游戏的新玩法

2+

什么不见了

下面这个可爱的小游戏对提升言语和语言能力特别有好处！我在一堂培训课上想到了它。我把它给班上的孩子玩，他们非常喜欢。伊万发不好"F"音的时候，我也给他玩了这个游戏。我很需要这种能在不知不觉中让他练习发音的游戏。

道具：

- 5个小物件（我给伊万准备的5个小物件都是以"F"开头的，不过你可以使用任何物件，如果你不需要特别关注某一个字母的话）
- 一个托盘
- 一块小毛巾

准备：

1. 在托盘里放几个小物件，用小毛巾罩住。
2. 把托盘放在显眼的地方。

开动：

1. 孩子们发现托盘后，掀起小毛巾，露出下面的小物件。让孩子们说出它们各自是什么。
2. 现在，让孩子们闭上眼睛，接着从托盘里拿走一个小物件，再把小毛巾盖回去。
3. 让孩子们睁开眼睛，掀起小毛巾。让孩子们猜猜你刚才拿走了什么。如果孩子们想不起来，你就可以把所有东西的名称都说一遍。
4. 孩子们猜到了你拿走的东西后，继续重复上面的步骤，每次都拿走不同的东西来让孩子们猜。

留一些纸来供孩子们折自己的纸飞机。

试着在纸飞机的不同部位别上曲别针，或者粘上纸胶带，看看这样做能不能让纸飞机飞得更好。

经典游戏的新玩法

纸飞机

纸飞机可是真正的经典游戏！我们小时候都玩过，不是吗？如果你没有熟悉的折法，那就可以参看上一页的照片，那是我折的纸飞机。我喜欢用厚一些的纸来折飞机，这样的纸飞机更坚固。实际上，在这一章里的不少小游戏里，你都可以用纸飞机来代替小球。例如，在《杯子游戏》（详见第24页）里，你就可以用纸飞机去撞杯子塔。下面是我们最喜欢的两种纸飞机玩法。

道具：

- 几张厚纸
- 几支笔
- 一把剪刀

准备（玩法1）：

1. 每人折一架纸飞机，可以用上一页里我的折法，也可以用你们自己的折法。
2. 在纸上写几个字母或数字，用剪刀剪开。
3. 把写有字母或数字的纸片对折，让上面的字母或数字立起来。
4. 把立起来的写有字母或数字的纸片放在脚凳或茶几上当"靶子"。

准备（玩法2）：

1. 每人折一架纸飞机，可以用上一页里我的折法，也可以用你们自己的折法。
2. 在纸上写一个大大的字母或数字用作"飞机场"。多写几张。
3. 把"飞机场"放在房间的不同位置，例如沙发上或地上。

开动：

1. 轮流扔纸飞机去撞倒"靶子"，或者让纸飞机降落到"飞机场"上。

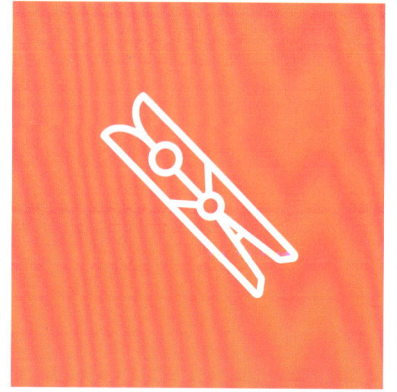

你也可以用纸胶带来充当晾衣绳，只是这样做就没有了晾衣服的样子。

如果很小的孩子也想加入进来，你就可以找一些小衣服来给他们挂。

经典游戏的新玩法

晾衣绳识字

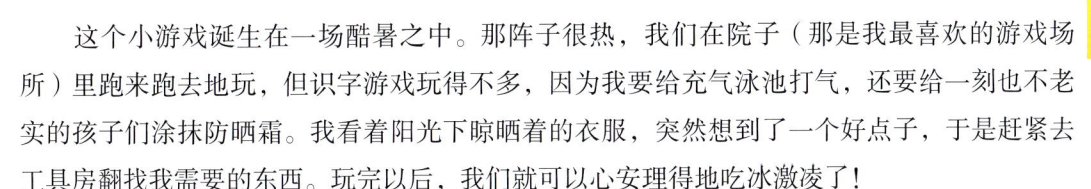

这个小游戏诞生在一场酷暑之中。那阵子很热，我们在院子（那是我最喜欢的游戏场所）里跑来跑去地玩，但识字游戏玩得不多，因为我要给充气泳池打气，还要给一刻也不老实的孩子们涂抹防晒霜。我看着阳光下晾晒着的衣服，突然想到了一个好点子，于是赶紧去工具房翻找我需要的东西。玩完以后，我们就可以心安理得地吃冰激凌了！

道具：

- 一根长长的细绳
- 两个用来固定细绳的东西（我用的是两把椅子），你也可以找两棵树等任何结实的东西。
- 一支笔、几张纸（我用的是便利贴）
- 一把剪刀（如果没有便利贴）
- 几个夹子

准备：

1. 把细绳拴在两个结实的东西之间，做成"晾衣绳"。
2. 在便利贴上写下组成孩子名字的字母，每张便利贴上写一个。或者写在纸上，再用剪刀剪开。我写的是伊万的全名，以此来引导他认识更多的字母。你可以写孩子认知能力范围内的任何字母。
3. 把所有写了字母的小纸片混在一起，连同夹子一起摊在"晾衣绳"旁边的地板或地上。

开动：

1. 让孩子们把包含他们名字的字母按照正确的顺序用夹子挂起来。需要时帮帮孩子。你也可以问孩子："下一个字母是什么？"
2. 使用夹子的过程对增强孩子手部肌肉力量很有好处，孩子们写字时也会用到同样的肌肉！
3. 如果夹子因为重心靠上而翻转过去，你就可以在小纸片的下边再夹一个夹子，或者像上一页左下角照片里我做的那样，干脆让小纸片朝上。

41

现在该你来当侦探了！孩子们救出毛绒玩具后，让他们来藏玩具，准备线索！

如果你想让孩子们活动身体，那就让他们反复地上楼下楼，顺便还能让游戏时间拖得更久些！

你完全可以增加线索的数量。想要踏实地享用一杯咖啡吗？那就准备15条隐晦难懂的线索！

经典游戏的新玩法

侦探游戏

我小时候玩过这个游戏。我模糊地记得，我在家里到处藏线索，好让放学后来家里"喝茶"（其实就是吃各种小零食，那真是一段欢乐时光）的小朋友们寻找。我经常跟朋友萨拉一起玩这个游戏，后来萨拉的妹妹爱丽丝也要挤进来玩，我们就大度地让她加入了。多亏了她们俩，我才想出了这个人人都可以参与的游戏版本！

道具：

- 一个毛绒玩具
- 一把儿童剪刀
- 一支笔、几张纸
- 一面放大镜（没有也没关系）

准备：

1. 把毛绒玩具藏在家里的某个地方，例如，挂在窗帘轨道上……也可以像我做的那样，只是把它塞到电视机后面！

2. 用剪刀剪出5张小纸片，分别写上数字1~5。接着在背面说明下一条线索藏在哪里。也就是说，第1张小纸片上写关于第2张小纸片藏在哪里的线索，第2张小纸片上写关于第3张小纸片藏在哪里的线索，依此类推，直到第5张小纸片，上面要写关于毛绒玩具藏在哪里的线索。对于小一些的孩子，你可以用图片来代替文字，比如，画个浴盆、洗衣机、院子等等。如果孩子已经开始识字，你就可以用"图片+文字"的形式。如果孩子已经比较大了，你想培养他们的阅读能力，这时就可以只用文字。

3. 把第1张小纸片放在家门口，再留张字条"_____被坏蛋抓走了！"，并用放大镜（或者别的东西）压住。

4. 把剩余的线索藏在正确的地方。

开动：

1. 孩子们发现家门口的字条和线索后，你跟孩子一起读出字条上的字，接着说："天哪！我们得把它救出来！你是侦探，你得找到线索！"

2. 帮助孩子读懂第一条线索。你可以这样问："下一个数字是几？它会藏在哪里？"孩子们弄懂后，陪他们一起去寻找。

3. 让孩子们满屋里跑，自己去读懂并寻找剩余的线索。小一些的孩子可能需要你的帮助。我给我的两个孩子玩这个游戏时，我给哥哥和妹妹设计了不同的线索，然后一直跟在妹妹弗洛伦丝身边，而让哥哥伊万自己去找。

4. 救出_____了！太棒啦！

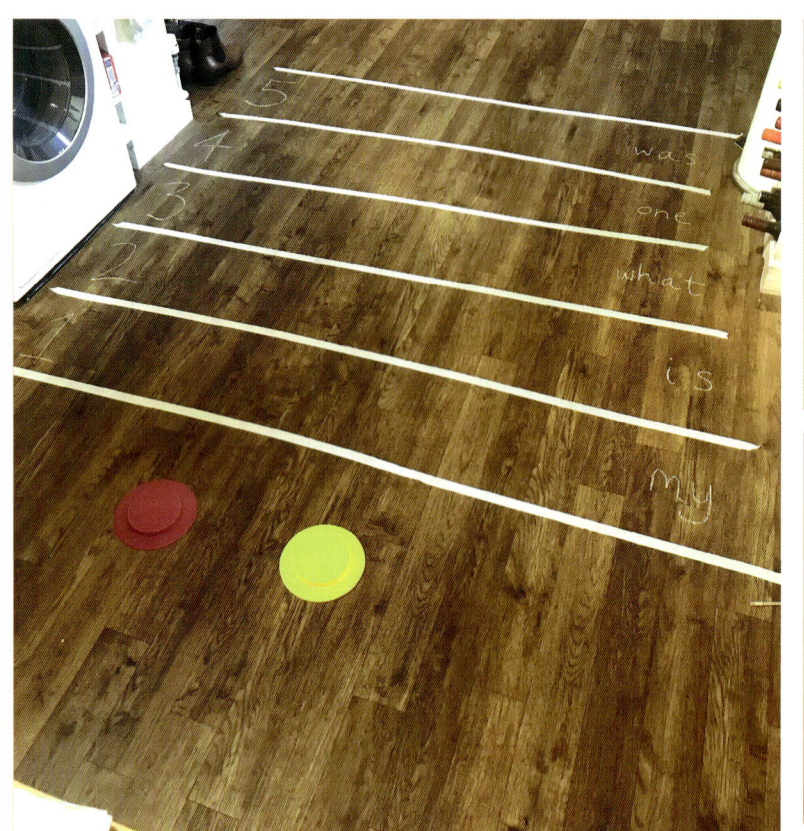

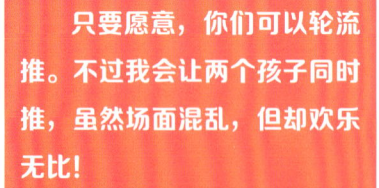

只要愿意，你们可以轮流推。不过我会让两个孩子同时推，虽然场面混乱，但却欢乐无比！

经典游戏的新玩法

推"硬币"

奶奶搬家清理房子时，我父母向她索要的第一件东西，就是他们十几岁时经常玩的推硬币游戏板。那块游戏板现在还在。这个游戏很好玩，我们家晚上也玩过很多次。你需要把硬币从游戏板的一边推到另一边，中间不能碰到边线。我在这个游戏的基础上想出了下面的玩法。如果我的兄弟看到这一段，我要告诉他，现在游戏板已经归我了！

道具：

- 纸胶带
- 粉笔
- 一支笔、几张纸
- 每人一个塑料盘或飞盘

准备：

1. 用纸胶带在光滑、坚硬的地板上贴出6条相互平行的标线。间距要足够宽，能容得下塑料盘或飞盘，两侧还要富余几厘米。标线中间就是5条"硬币"通道。
2. 在通道的一端，用粉笔写上数字、字母、形状或单词等你想让孩子学认的任何内容。我给妹妹弗洛伦丝写的是1~5，给哥哥伊万写的是有些难度的单词。如果你家的地板写不了粉笔字，那就用笔写在纸上。
3. 用笔在纸上写上孩子的名字，作为计分卡。如果孩子不会写字，你还要把你写在通道一端的内容写到计分卡上，以便孩子在上面画圈或打勾。

开动：

1. 让孩子们把塑料盘从通道的一端推到另一端，中间不能碰到边线。
2. 成功后，他们就能得到通道一端写下的内容，并且要把它们写到计分卡上。孩子太小的话可以画圈或打钩。
3. 重复上面的步骤，谁先走完5条通道，谁就获胜！
4. 所有孩子都走完5条通道算一轮，玩过一轮后，你还可以把粉笔字擦掉，写上新的内容继续玩！

提升言语和语言能力的 5个小技巧

与儿童发育的其他方面一样，言语和语言能力什么时候以及以什么速度发展也存在窗口期。虽然不同孩子的发育节奏各不相同，但总有一些朋友喜欢告诉我们，他们家的小约翰尼发育有多快。"他已经能用中文从1数到10了！那天晚上，他睡前还要我给他讲《战争与和平》呢！"

不过，如果你确实非常担心孩子说话晚，那就一定要找家庭医生、社区医生、孩子的保育员或老师讨论一番。如果确实需要干预，这些专业人士或许能帮你联系到言语-语言治疗师。

如果你很想在家里帮助孩子学说话，那么陪孩子玩书里的5分钟小游戏往往会很有帮助。我在做助教的时候，我学过如何帮助在言语和语言方面有困难的孩子。因此，虽然我不是这方面的治疗师，但我的**5分钟小游戏**还是能帮助你的孩子在家里提升言语和语言能力。

下面是我为了帮助我的两个孩子学说话而做的5件小事：

1. 停顿

跟孩子一起读书是帮助孩子学说话的绝佳方式。给孩子们读故事时，你可以使用"停顿"法来鼓励他们说话。首先找一本你们常看的押韵的故事书。快读完一行时，你可以先停住，让孩子们来试着读完它。你可以用手指点图画中的线索来提醒孩子。

2. 看口型

每天花5分钟跟孩子们一起唱儿歌。让孩子们坐在你怀里，你向后靠在沙发上，让他们能够清晰地看到你的口型。这一点小改变或许能产生很好的效果。

3. 保持目光接触

陪孩子们玩的时候，把你的身体放低。不论你们在一起玩汽车、玩布娃娃，还是玩孩子们喜欢的别的游戏，尽量让你的目光跟他们保持在同一水平线。

4. 示范正确读音

发现孩子发音错误后，用正确的读音来重复他们的话。这样既能让孩子们知道正确的读音，又不会打击他们宝贵的自信。例如，如果孩子对你说："我去玩滑低（梯）了！"你只需回答说："嗯，我知道，你去玩滑梯了，你滑得特别快！"这听起来似乎显而易见。确实，显而易见。但是在很多时候，身为父母的我们只需在最简单的事情上轻轻推动一下，不是吗？我就是这样认为的。

5. 讲，讲，讲！

把你正在做的事情说给孩子们听，不论你在准备出门、从洗碗机里取碗碟、铺床，还是在给孩子们穿衣服。跟孩子一起出去的时候，你可以讲讲你都看到了什么。总之原则只有一条，那就是讲，讲，讲，还是讲！简单又有效！

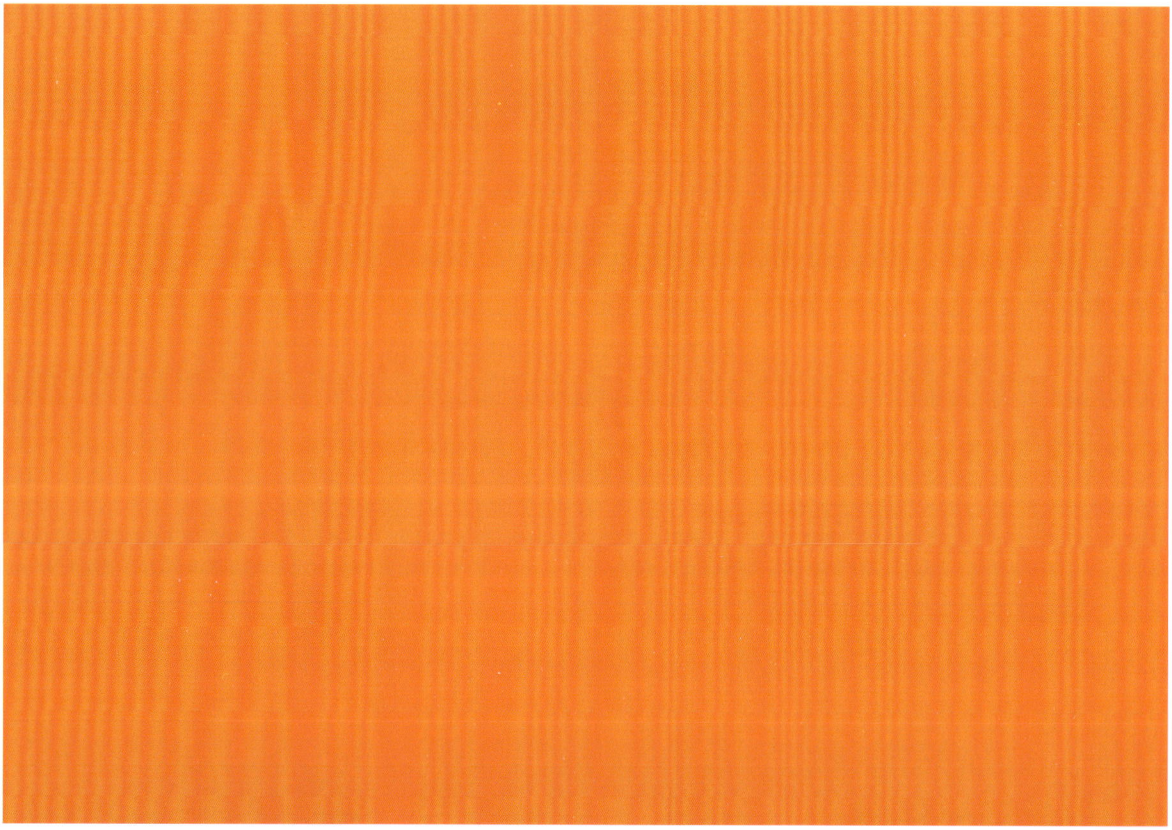

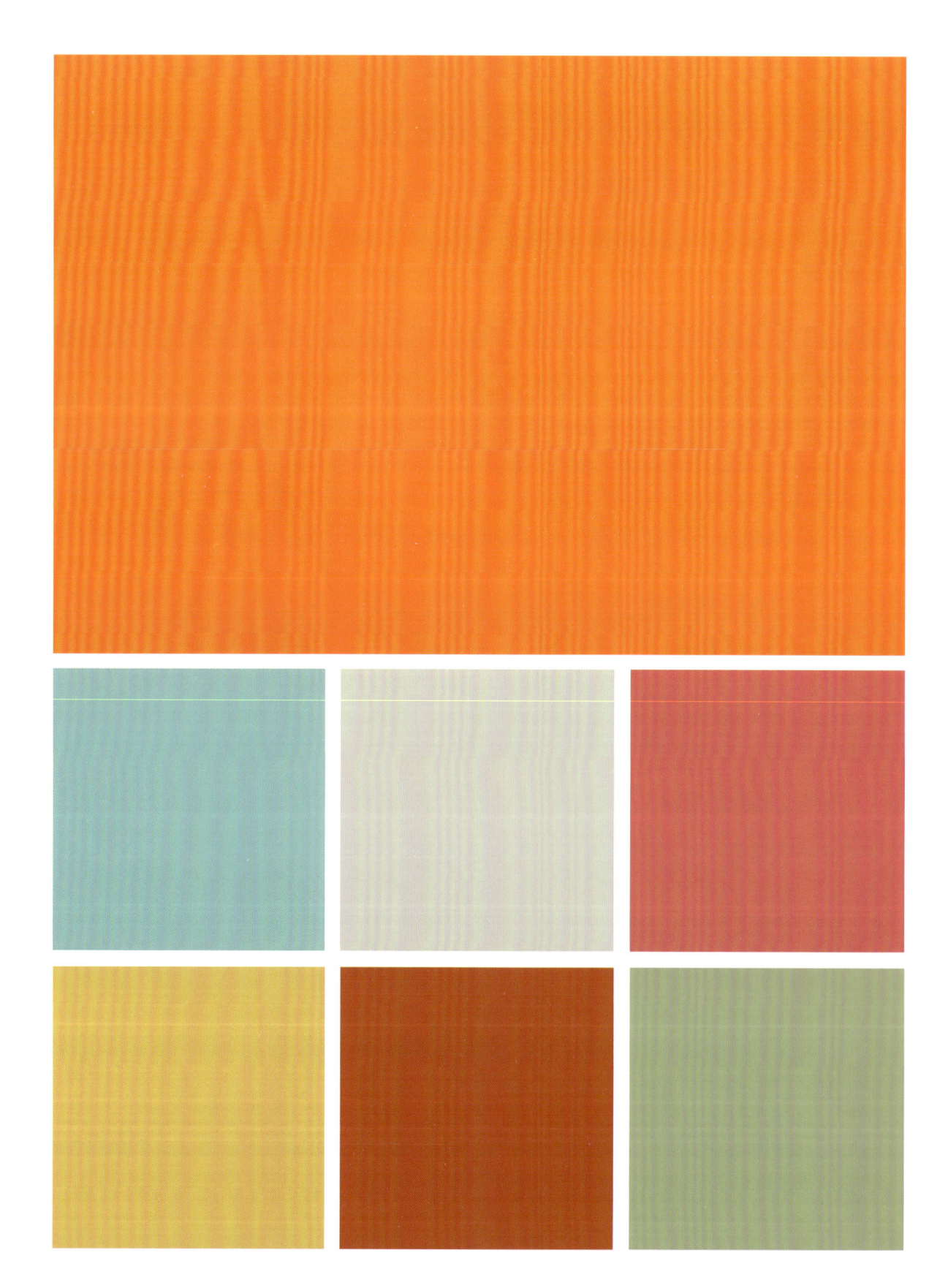

第2章 认识字母和数字

在不知不觉中学习

字母停车场

字母大侦探

神奇的杯子

字母转转转

寻宝大作战

字母狙击手

字母小火车

字母海洋球

饥饿的手偶

擦个净光光

欢迎来喝茶

字母跑道

跨越陷阱

气球里的秘密

摸高高

字母矿山

配对游戏

每日字母

在不知不觉中学习

在养育孩子的过程当中，有时候你会发现，你已经给他们吃饱穿暖，那么**接下来要做什么？** 你想让孩子们学点有用的东西，例如，认识他们的名字，但你或许并不想让他们**知道**他们在学习。因为，只要你曾经要求过某个三岁孩子做某件事情（例如，把衣服穿上，或者吃除薯条之外的其他食物），你就会知道，他们根本不把你说的话当回事。

可是，谁又能去责备他们呢？在我看来，"玩耍"的死对头就是"学习"，没有别的。成年人也是如此。我从没有在哪堂培训课上这样想：**哦耶，今天能享受学习的乐趣了！** 我更喜欢享受纯粹的快乐（例如，躺在太阳椅上喝饮料），而把学习的部分偷偷渗透进去（例如，你要是能告诉我8乘以6是多少，你就能多晒10分钟太阳！）。说到孩子们，道理也是一样的。

所以，我们要让学习悄悄地发生！父母们常常问我，如何让孩子们用心学习，对此我总是回答："他们最喜欢做的事情是什么？"如果你知道这个问题的答案，那么结果就不言自明了。你只需找到一种办法，把学习的元素融入乐趣当中。在这一章里，我会介绍这样做的许多种办法。不过，只要弄懂了这其中的原理，你就能比较容易找到属于你自己的办法。熟能生巧，只要用心就能做到。

认识字母和数字 — 2

在不知不觉中学习

你可能会问,孩子应该从多大开始学习数字和字母?我的回答是,从出生的那一刻起。我不是说,你第一眼见到新生儿就对着孩子大喊:"嘿,宝宝,你的名字是E开头!"我说的是,数字和字母应该成为孩子们世界的一部分。实际上,不管你有没有意识到这一点,事实都是如此。你在给孩子们读故事时,你就是在推动这一进程。你一边上楼一边数台阶时,你也是在这样做。你给孩子们唱儿歌,比如《五个葡萄干小圆面包》时,你就是一位**超级棒的父母**。

如果这些活动是孩子们生活里司空见惯的事,你就会发现,他们会自然而然地对数字和字母产生兴趣。如果他们问你,"那个标识是什么意思?"或者"这是多少?",**那就意味着,你可以给他们玩这一章里的小游戏了**——不管他们的年龄是几岁。不过对我来说,两个孩子3岁时似乎是我开始给他们尝试这些小游戏并观察他们的兴趣所在的最自然的时机。哥哥伊万到4岁时才真正掌握了字母。妹妹弗洛伦丝要比哥哥早一些,但数字掌握得不好。每个孩子都有独特的发展路径,相互比较毫无意义。没有哪个父母吹嘘他们三岁就会用剪刀!这都是自然而然的事。

我希望这一章的内容能够对所有的孩子都有所帮助。我自己的两个孩子和我认识的其他孩子激发我想出了这些小游戏。有的小游戏更适合喜欢静静地看故事书的孩子玩,有的小游戏更适合到处乱扔东西、捣乱无所不用其极的孩子玩。我们都不一样,适合我们的学习方式也是如此。

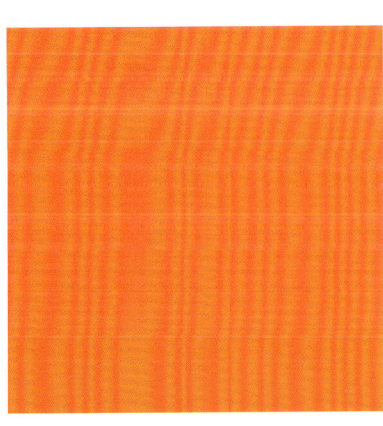

你可以在纸板旁加一段斜坡，或者用纸胶带贴一条通向停车场的路，让游戏更加逼真！

你可以把这个小游戏和第75页的《字母跑道》游戏结合在一起玩。

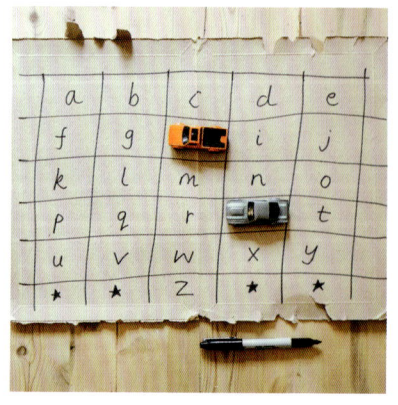

认识字母和数字 2+

字母停车场

　　有一段时间，伊万只喜欢玩各种玩具汽车。凡是有轮子的，他都喜欢。要是没有轮子，他都懒得搭理。在家里，我们已经有了数不清的各种火车、卡车、挖掘机、拖拉机和小汽车。可是，到了外面跟别的孩子一起玩的时候，他也仍旧紧紧抱住火车轨道和各种玩具汽车不放手。怎么能这样？我花了2.5镑才买了这个玩偶，为什么不试着玩玩呢？所以，为了激发他对字母的兴趣，我设计了下面这个小游戏，让汽车和字母来一个大对撞！

道具：

- 一张纸板
- 一支笔
- 大约5辆玩具汽车

准备：

1. 把纸板横过来，在上画一个5×6的表格，5列，6行，共30个格子。每个格子的空间要能够放得下一辆玩具汽车。
2. 在格子里填入字母。可以按字母表顺序填，也可以打乱了填，空出4个格子不填（因为只有26个字母）。
3. 把家里所有的玩具小汽车放在格子旁边，遵守"**黄金法则**"，等待孩子们来发现。

开动：

1. 让孩子们把汽车停到停车场里。你可以给他们做个示范，一边说："我要把这辆蓝色的汽车停到'r'车位"，一边把汽车停到正确的位置。
2. 现在让孩子们来停车入位。如果孩子没有说他们要把汽车停到哪个位置，那也没关系，你只需把他们停车的位置说出来，例如，"嗯，你把车停到了'f'车位。"你可以问他们一些问题，例如："你想把绿色的汽车停到哪个车位？"
3. 看看孩子们能否找到他们名字里的字母。

如果你的孩子们已经解锁了写字技能，你就可以让他们从书里找5个字母写下来，然后让你来找。

你可以用纸板剪一面"放大镜"出来！

认识字母和数字

字母大侦探

那天天气很好，我成功地哄着了婴儿床里的弗洛伦丝（哦耶！），我想享受5分钟的清静时光，于是在院子里的遮阳伞下面给伊万做了下面这个小游戏。我们一边玩，一边吃了雪糕。趁弗洛伦丝没醒，我踏踏实实地晒了会儿太阳。有时候，我会觉得在家做全职太太实在太辛苦，但是，像这样晒太阳的时候，我又会觉得这是世界上最舒服的工作！

道具：

- 6本书
- 一支笔、几张纸
- 一面放大镜（没有也没关系）

准备：

1. 把书摆在地上，把封面露出来。
2. 用笔在一张纸上写下6个封面上的字母，在每个字母旁边画一个用来打钩的小方框。
3. 把放大镜摆在书的旁边，如果有放大镜的话。

开动：

1. 让孩子们用放大镜（如果有的话）在书的封面上找出你写在纸上的字母。让他们来决定先找哪个字母。
2. 孩子每找到一个字母，就让他们在纸上的字母旁边的小方框里打钩。
3. 孩子找到所有字母后。问他们想不想继续玩。如果想，你就再写一些字母来让他们找。如果不想，你就找一本书来给他们读。

如果你的手速足够快,你可以把手里的字母换成小玩具。然后欣赏孩子目瞪口呆的样子!

认识字母和数字

2+

abc

神奇的杯子

这个小游戏是受了伊万和弗洛伦丝的祖父的启发。他很喜欢给两个孩子变魔术玩，而两个孩子也常常被他的魔术惊讶到。他知道，孩子们不会永远相信他会魔法，所以现在他要抓紧时间，他们玩得很起劲！一次，弗洛伦丝想学他的样子，把玩具汽车扔到树上，然后再神奇地把它从背后变出来，可她把汽车扔出去后，汽车却掉在地上摔碎了。她瞪大眼睛，难过地说："我不会变戏法！"我确信爷爷有一天会把魔法背后的小秘密告诉她，但是现在，我们只能假装和她一样吃惊。

道具：

- 3个一模一样的、不透明的杯子
- 5个塑料字母或磁力字母，或者把字母写在一张纸上，再用剪刀剪开

准备：

1. 把所有杯子扣在桌子上，摆成一行，距离桌子边缘近一些。
2. 把5个字母摆放在杯子旁边。

开动：

1. 让孩子挑选一个字母，放到其中一个杯子底下。
2. 交换杯子的位置，把顺序打乱。
3. 让孩子告诉你，现在字母在哪个杯子底下，然后拿开杯子检查。如果字母不在那里，再让孩子去选择别的杯子。找到字母后，跟孩子一起庆祝。最后把字母拿走。
4. 再让孩子挑选一个字母，放到其中一个杯子底下。
5. 再次交换杯子的位置，把顺序打乱。但是，这一次要偷偷地让字母从桌子边缘漏下去，掉到你的腿上。不要让孩子看到。把字母握在手里。
6. 让孩子猜猜，字母在哪个杯子底下。孩子寻找一番后，假装把字母从孩子耳朵后面抓出来。变！
7. 重复上面的步骤，玩完5个字母。每一次，你都可以把字母从不同的地方抓出来。例如，从你的椅子下面，从桌子旁边，甚至可以趁孩子不注意把它塞到另一个杯子底下（如果你能成功分散孩子注意力的话）。

如果用数字代替字母，做成数字陀螺，你就能用它来代替其他小游戏里的骰子了。

认识字母和数字

字母转转转

我不是一位爱做手工的妈妈。能陪孩子们一起做手工的父母当然很棒，但这款小游戏就是我做手工的天花板了。我不怎么做手工的原因是，我发现我在准备（包括清理）手工游戏上花的时间越多，孩子们动手的时间反而越少。有父母有同感吗？我还记得，我一边咬牙切齿地问孩子们"亲爱的，你们这样就算做完了吗？不再往上面贴点亮片了吗？"，一边气得脑袋都要炸了。所以，我的解决方案就是"5分钟手工"。

道具：

- 一把尺子
- 每人一张厚纸片
- 一支笔、几张纸
- 剪刀（以及儿童剪刀，如果孩子能自己剪厚纸片的话）
- 每人一支削尖的铅笔

准备：

1. 用纸和笔在你的厚纸片上画一个正六边形。（正六边形有6条边。不要担心，我也必须一再检查。）
2. 画出经过正六边形中心的3条对角线，这时正六边形就变成了6个小三角形。
3. 在每个小三角形里写一个字母。
4. 在孩子的厚纸片上画一个正六边形。根据孩子的能力，你可以把对角线和字母都画好、写好，也可以画一些虚线来给孩子连接，还可以只准备一张空的厚纸片给孩子。
5. 把你的正六边形用剪刀剪下来，再把削尖的铅笔从正中间插进去，做成你的字母陀螺。
6. 制作记分卡。在一张纸上写下你的字母陀螺上的6个字母，每个字母旁边再画一个小方框，方便随后勾选。

开动：

1. 给孩子们看你的字母陀螺，然后帮他们制作自己的陀螺和记分卡。必要时，帮助孩子们画正六边形，写上字母，剪下厚纸片，把铅笔插入正六边形，以及准备记分卡。
2. 一切就绪后，所有人轮流让自己的陀螺旋转起来。
3. 陀螺停到哪个字母上，就在记分卡上勾掉哪个字母。
4. 重复轮流旋转陀螺。谁首先勾掉所有字母，谁就获胜！

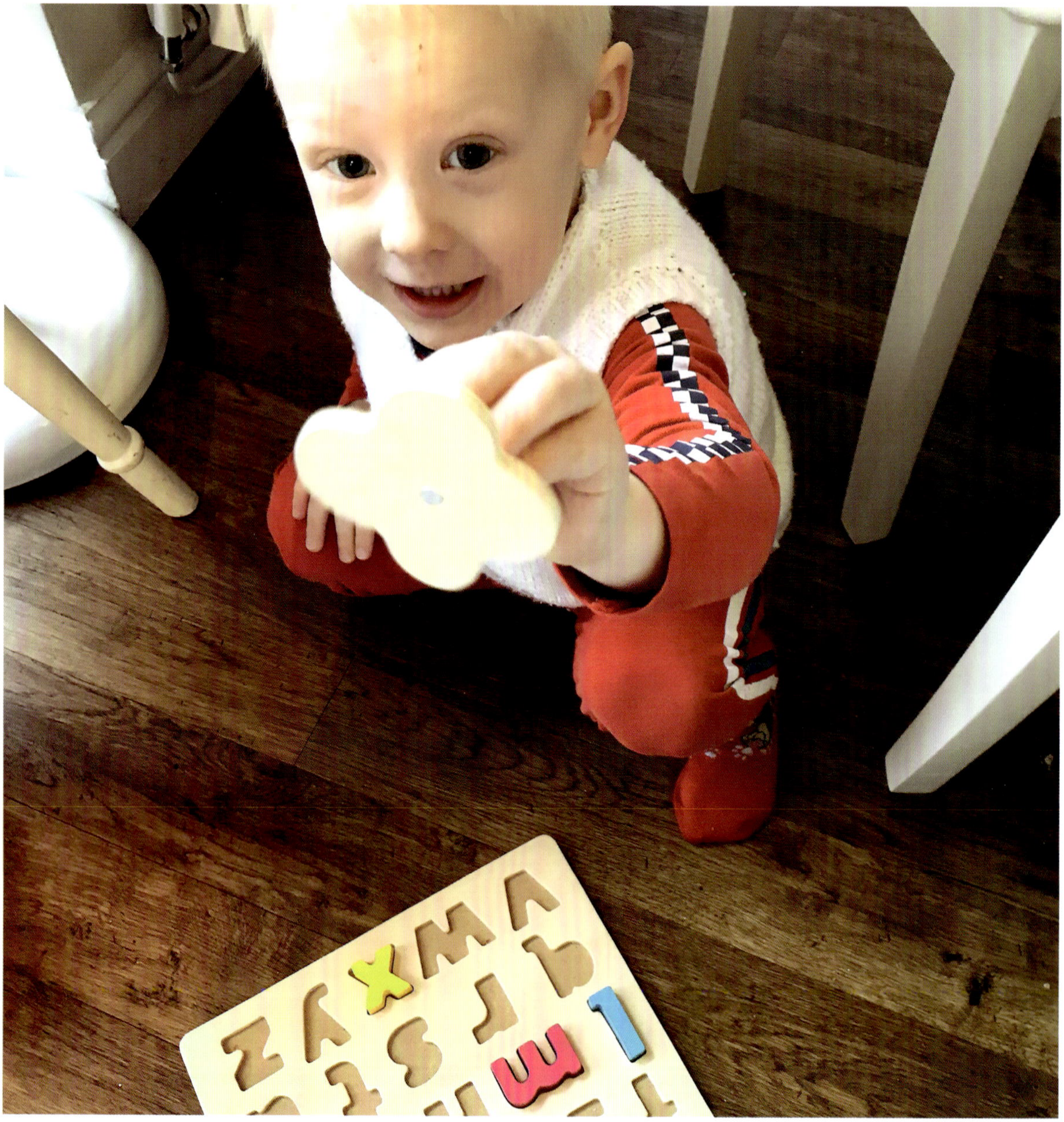

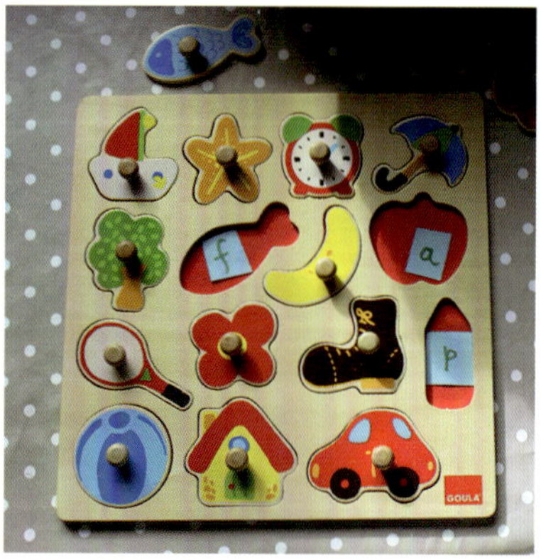

认识字母和数字

寻宝大作战

　　这是我最早想出来并且写进我的博客的小游戏之一。游戏会用到手抓板（嵌板拼图），上面有许多不同形状的拼孔和拼块，孩子们需要把拼块拼到正确的拼孔里。这个小游戏尤其适合用来锻炼幼儿的精细运动能力，还特别有益于孩子学说话。（看着孩子用胖乎乎的小手把拼块胡乱塞进拼孔也是乐事一桩！）可是，如果你的孩子们已经能熟练地把拼块放进拼板了，那么手抓板该怎么办呢？送人吗？且慢！你家的手抓板或许还能多玩一阵子。

道具：
- 一套手抓板
- 或者一些小玩具、一支笔和几张纸，如果没有手抓板的话

准备：
1. 没有手抓板时，用笔在纸上描出小玩具的轮廓。
2. 把拼块或小玩具藏在房间里。
3. 把空的拼板或画了小玩具轮廓的纸放在显眼的地方。

开动：
1. 让孩子们在房间里找到所有丢失的拼块或小玩具，越快越好！

其他玩法：

　　是不是非常简单？下面是结合了数字或字母的玩法：
1. 使用包含数字或字母拼块的手抓板。
2. 即便你家只有图案拼板，你也可以让孩子们用字母和数字来玩这个游戏。你只需在一张纸上写下每个拼块所对应的字母，比如，你有汽车、房子和球的拼块，你就可以在纸上写下它们的英语首字母c、h、b，用剪刀剪开。这样一来，你就可以把汽车、房子和球拿去藏起来，而把这些字母放入拼板上的相应拼孔。随后，如果你的孩子们找到了房子拼块，你就可以问他们："代表房子的是哪个字母？"然后让孩子们在拼板上找到字母h，也就是与房子拼块相匹配的拼孔，再把拼块拼回正确的位置。
3. 同样地，这个小游戏也可以用数字来玩。拼板里有多少个拼块，你就在纸上写多少个不同的数字，用剪刀剪开，接着把这些数字放进拼板的拼孔里，再把拼块拿去藏起来。孩子们找到某个拼块，比方说汽车拼块后，你就可以对孩子们说："你找到了4号图案，是一辆汽车。"玩到最后几个拼块时，你可以对孩子们说："我们还得找到8号图案，看看它到底是什么。"

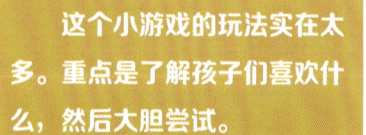

你还可以在纸上写数字来让孩子们打!

这个小游戏的玩法实在太多。重点是了解孩子们喜欢什么，然后大胆尝试。

认识字母和数字

字母狙击手

伊万3岁的一天，我跟他总玩一个旧游戏玩烦了，就用4张大纸写了组成他名字的4个字母——E、W、A、N——挂在晾衣绳上。随后，我把伊万的泡沫火箭弹发射器交给他，让他瞄准字母"开火"。他跑到晾衣绳前面，兴奋地玩了起来。我对着他大喊："你打到了你名字里的E！""哇！这一次你打到了A！"大约一个月后，他在纸上写出了一个标准的"E"，还自豪地对我说："这是我名字里的E！"我听了十分欣慰。如果你担心5分钟是不是太短？那么我告诉你，5分钟真的够了！

道具：

- 能把你孩子的名字写到上面的任何东西
- 能用来投掷或发射的东西，例如，小球、沙包、泡沫飞机或纸飞机

准备：

1. 把写着孩子名字的东西放在室外的开阔地，例如，挂在晾衣绳上，钉在树上或墙上。
2. 把投掷或发射的东西放在旁边。

开动：

1. 告诉孩子们，他们的目标是打中那些字母。孩子们打到哪个字母，你就把那个字母大声念出来。
2. 他们能按照名字的拼写顺序来"开火"吗？

其他玩法：

下面是我跟我的两个孩子玩过的其他玩法：

1. 在墙上或者地上用粉笔写上字母，用湿海绵去砸。啪！
2. 把写了字母的纸粘在栅栏上，用泡沫火箭弹蘸上颜料去打。
3. 在沙地或沙滩上写上字母，用石头去扔。
4. 把字母写在硬纸板上，把硬纸板对折后立在地上，把足球对准它们踢。
5. 把字母粘在倒扣的杯子上，在架子上摆成一排，拿球去扔它们。

为了勾起孩子的兴趣，你可以先把"乘客"放在组成孩子名字的各个字母上。

64

认识字母和数字

字母小火车

请上车！在伊万很小的时候，他很喜欢看《托马斯和他的朋友们》。如今，我丈夫和我仍然能把这套动画片的主题曲一字不落地从头唱到尾。（有人说有了孩子就没了浪漫，是这样吗？）总之，我的意思是，把火车和字母结合起来是"玩中学"的绝佳方式！所以，托马斯火车真的很有用。哪怕孩子们不在家，那句经典台词"有谁一起来吃晚饭吗？"也常在饭点被我们提起。

道具：

- 字母泡沫垫，从A到Z，或者在方块纸上写上字母来代替
- 5个毛绒玩具
- 一辆小车或小推车（没有也没关系）

准备：

1. 把字母泡沫垫或者写了字母的方块纸首尾连接在一起，做成字母轨道。
2. 把5个毛绒玩具放在5个不同的字母上，它们是"乘客"。
3. 如果你家有小车或小推车，那就把它停放在字母轨道的起点。

开动：

1. 告诉孩子，他们是火车头，小车或小推车是车厢（如果有的话），火车头必须沿着轨道开，嘴里要发出"库库库"的声音。每当遇到等待的乘客都要停下来。
2. 停车后，播报字母火车站的名称。例如，"列车已经到达F车站，请上车。"火车拉上乘客后，开往下一个车站。
3. 所有乘客上车后，让孩子们重新把"乘客"放在不同的站台，这次由你来当火车头，记得在"库库库"地开车的同时，要读出你经过的每一个字母。

如果使用充气泳池，你就可以在池子里放上水，再让孩子们用抄网去打捞小球。不过，孩子们玩水时，你一定要密切留意他们！

对于刚刚开始认识字母的孩子，你可以把字母写在不同的小纸片上，再把小纸片放进蛋糕模子或杯子里，以此来帮助孩子把小球放在正确位置上。

对于特别小的孩子，你可以让他们寻找某种颜色的球，并把其他颜色的球扔掉。

对于大一些的孩子，你可以在小球上多写一些字母，看看他们用小球能拼出什么单词！

认识字母和数字

字母海洋球

放心，我这里不会搞得太复杂！我认识的许多父母都在某个时候买过一大包海洋球。这些海洋球非常"有用"，如果你觉得尽管不够整洁，但从沙发和餐具柜底下源源不断地"挖出"球依然很好玩的话。通常，这一包让父母们悔之晚矣的球的最终归宿，是被雪藏在装满"我们再也不会玩的东西"的橱柜的最深处。可是，我却找到了利用它们的新方法！

道具：

- 一包海洋球
- 能装下所有海洋球的大容器（例如，充气泳池或大篮子、大碗）
- 一支记号笔
- 一支笔、几张纸
- 一个多孔蛋糕模，或者几个纸杯（塑料杯）

准备：

1. 把所有海洋球倒进容器里。
2. 用记号笔把孩子名字里的字母写在不同的海洋球上，可以只写姓，也可以写全名，根据孩子的能力决定。
3. 把多孔蛋糕模或杯子放在旁边。

开动：

1. 告诉孩子，他们要在一大堆海洋球里找到写有组成他们名字的字母的海洋球。
2. 孩子们每次只能拿出一个球来。如果上面没有字母，你就大声说："把它扔掉！"让孩子丢掉它。如果上面有字母，你就让孩子把球按照名字的拼写顺序放进多孔蛋糕模或杯子。

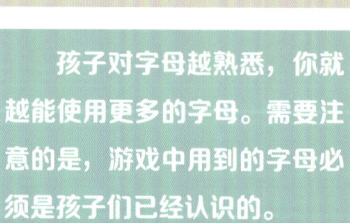

孩子对字母越熟悉，你就越能使用更多的字母。需要注意的是，游戏中用到的字母必须是孩子们已经认识的。

认识字母和数字

3+

abc

饿的手偶

在玩小游戏的时候，你搞怪越多，孩子就会玩得越高兴！如果你能假装出错，发出滑稽的声音，或者拨弄孩子的笑点，笑声就会如期而至。对我所有的 5 分钟小游戏来说，首要原则都是要好玩，就是玩起来要有意思，别的只是兼顾。这个小游戏可以让你把搞怪发挥到极致。在这个非常严肃的世界上，我们这些父母都可以来玩玩这个 5 分钟的搞怪小游戏。

道具：

- 一只大大的旧袜子，或一只微波炉手套，或一个手偶
- 背胶活动眼睛（没有的话就用记号笔来画眼睛）
- 一支笔、几张纸
- 一把剪刀

准备：

1. 在袜子或微波炉手套上粘上背胶活动眼睛（或者用记号笔画上去）和舌头，做成一个手偶。如果你有手偶，那就直接用。
2. 把组成孩子名字的字母写在一张纸上，用剪刀一一剪开。

开动：

1. 介绍一下你的手偶，给它起个傻里傻气的名字。让它通过张口闭口来说话。告诉你的孩子们，它非常非常饿，喜欢吃各种饼干。你可以这样说："它想先吃一个……G！"（当然，你可以说任何字母。）
2. 接着让孩子们给它喂正确的字母吃。如果孩子拿对了，手偶就可以说："嗯，好吃，好吃！"如果孩子拿错了，手偶就可以说："哎呀，真难吃！"接着把字母吐出来。
3. 所有字母吃光后，淘气的手偶还会打一个大饱嗝，把所有的字母都吐到孩子的脑袋上！
4. 现在，该让孩子们来扮演手偶了。

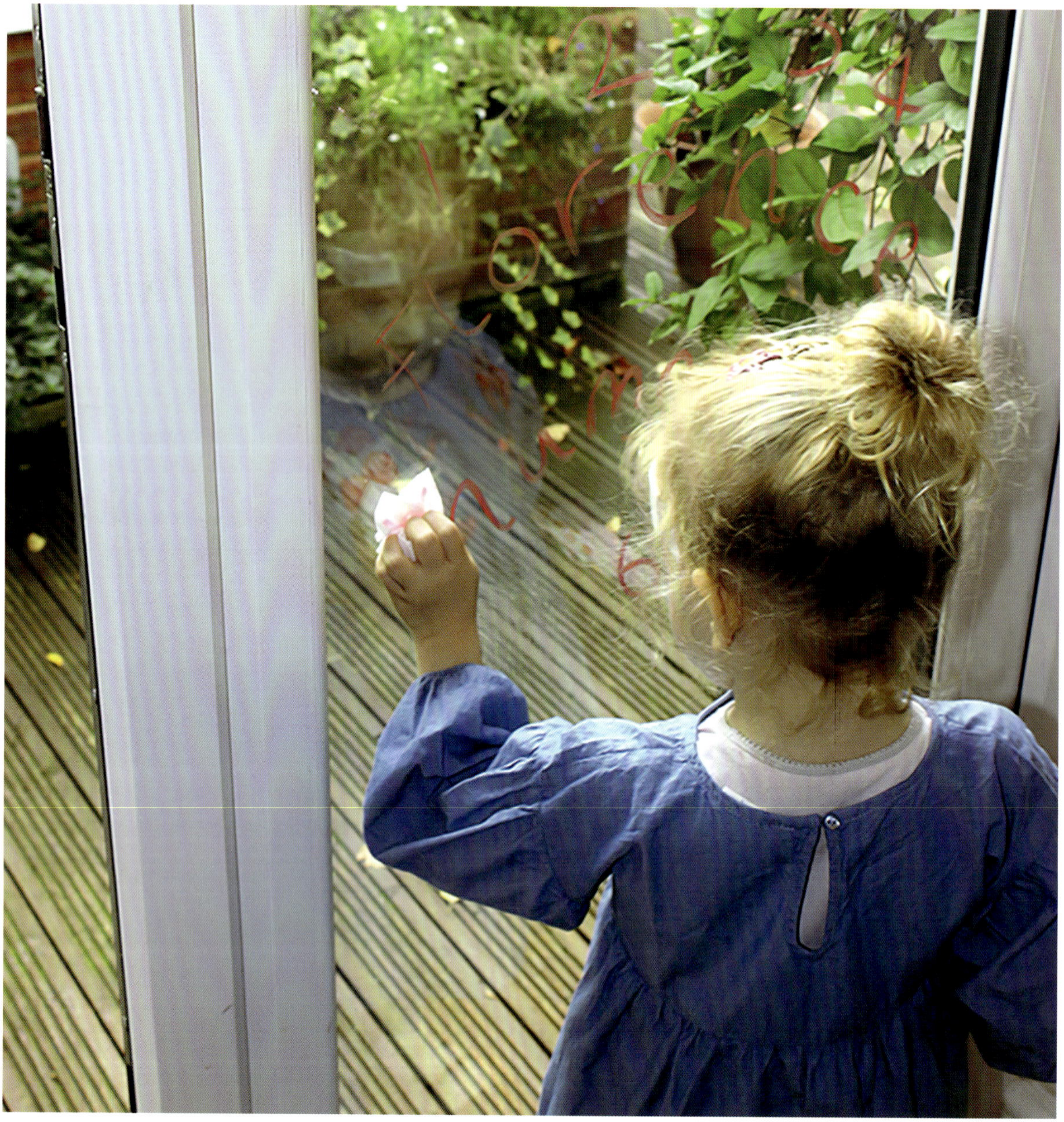

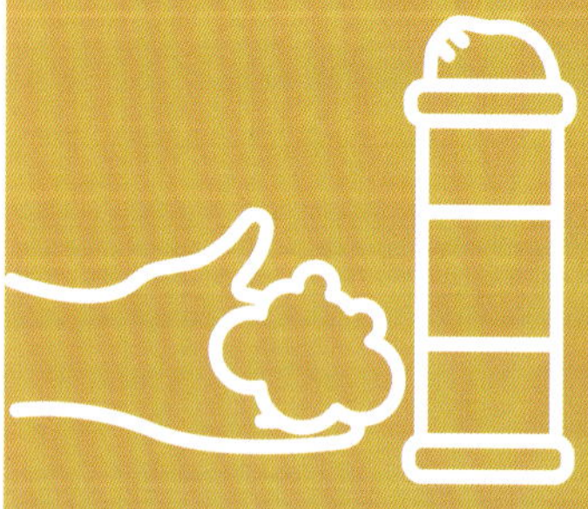

认识字母和数字

3+

abc

123

擦个净光光

我设计小游戏的原则之一是，游戏既要容易准备，也要容易清理。在这个小游戏里，清理就是游戏本身。这么做不仅一箭双雕，而且能早早地帮助孩子建立清理的意识！这个游戏很棒，因为它既简单又好玩，甚至还能让不识字的孩子在不知不觉间认字！

道具：

- 既能用来涂抹又很容易擦掉的任何东西，例如，粉笔、白板笔、水彩笔、剃须泡沫
- 用来清理涂抹痕迹的工具，例如，湿纸巾、白板擦、厨房纸巾、水、抹布、刷子

准备：

1. 写下孩子的名字，或一串字母或数字。
2. 把清理工具放在旁边。

开动：

1. 让孩子们把你写下的东西擦掉。
2. 你可以帮孩子们计时，也可以大声念出你想让孩子们擦掉的字母或数字。

其他玩法：

下面是我跟我的两个孩子玩过的其他玩法：

1. 我跟孩子们比赛，我一边写，他们一边擦。比比我写得快，还是他们擦得快。
2. 我在地上用粉笔写字，孩子们拿刷子或手蘸水把粉笔字涂抹掉。
3. 我用白板笔在窗户或门上写字，孩子们用厨房纸巾把字迹擦掉。
4. 我用木棍在沙地上写字，孩子们用手和脚把字迹抹掉。
5. 我用水彩笔在玻璃门上写字，孩子们用湿布把字迹擦掉。
6. 我用剃须泡沫在浴室瓷砖墙或玻璃墙上写字，孩子们用小毛巾把字迹擦掉。

如果你用玉米淀粉来代替糖。做出来的茶就会很黏，摸上去会很好玩，之后孩子还可以继续玩它！

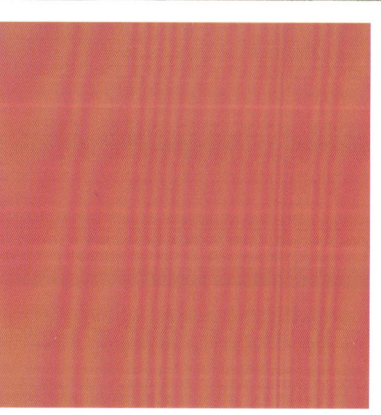

这个小游戏可能会把家里弄得比较脏，所以你可能需要在托盘下面垫一个垫子或一大块毛巾。

认识字母和数字

2+

欢迎来喝茶

弗洛伦丝很喜欢玩喝茶游戏。她有好多套茶具，家里摆得到处都是。随便拿出一套来，她都能高高兴兴地一个人坐在一边玩上十几分钟。这真是太棒了！我给伊万设计了玩火车的游戏，也给弗洛伦丝设计了喝茶游戏，这样我们就能一起玩她最喜爱的茶具了，或许顺便还能认识几个数字。

道具：

- 4 张小纸片
- 一支笔
- 4 只毛绒动物
- 一套茶具（或者一个小水壶、一个碗、几个塑料杯和小勺，如果你没有的话）
- 一个托盘
- 一些水
- 一小袋面粉

准备：

1. 在 4 张小纸片上各画一个杯子，分别标上数字1、2、3、4，表示放几勺糖。
2. 把 4 只毛绒动物摆成围坐在托盘上喝茶的样子，中间是茶具。
3. 把写着放几勺糖的小纸片分别放在 4 只毛绒动物身边。
4. 在茶壶里装一些水。
5. 在"糖"碗里放一些面粉。

开动：

1. 告诉孩子们，毛绒动物们来喝茶了，给孩子们看每只毛绒动物需要几勺糖。
2. 让孩子们选一只毛绒动物，接着为他们示范如何倒水，加几勺糖（看小纸片上的数字）。跟他们一起认真数出你加的每一勺糖。
3. 让孩子们倒好茶，加入正确数量的糖，再把茶端给毛绒动物。如果孩子们做对了，你就模仿毛绒动物的声音说："好香的茶，谢谢！"
4. 重复上面的步骤，直到所有毛绒动物都喝到茶。

没有大纸箱时，你也可以拿一卷旧墙纸来代替。单卷的墙纸，即便到商店买也很便宜。

认识字母和数字

字母跑道

孩子们很喜欢玩大纸箱。你拿一个扔给他们玩，接着就可以去泡杯茶了。就像孩子们喜欢玩泡泡一样，他们也是大纸箱的拥趸。就算孩子们玩腻了它，你也可以把纸箱拆开、铺平，把它变成字母跑道！

道具：

- 一个大纸箱
- 一支笔
- 每人一辆玩具汽车

准备：

1. 把大纸箱展开，铺在地板上，把孩子的名字设计成跑道的样式。
2. 如果你喜欢，你也可以在跑道的一端加一座字母停车场（详见第53页）。
3. 把玩具汽车放在旁边。

开动：

1. 每人挑选一辆汽车，沿着由字母组成的道路开。告诉孩子他们正开在什么字母上。
2. 如果你在道路尽头画了字母停车场，那么就把汽车停到里面。
3. 你也可以把自己的名字和孩子的名字并排写在一起，然后来一场比赛。
4. 或者，你也可以用纸胶带把一支笔固定在孩子的小汽车尾部，笔头冲下，看他们能否用这辆汽车来画跑道。

75

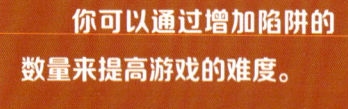

你可以通过增加陷阱的数量来提高游戏的难度。

如果你给孩子讲过《三只山羊》（*Three Billy Goats Gruff*）的故事，你就可以扮演里面的山怪。

认识字母和数字

跨越陷阱

这个小游戏非常适合在下雨天玩。5月里的一个下午，天上飘着毛毛雨，我在客厅里想到了这个小游戏。当时，电视机突然出了问题。我对自己说："天哪，该玩点什么呢？"跟往常一样，我环顾四周，寻找灵感。只要不需要我挪动屁股，那一般就是好主意。我看见了什么？——垫子！而且，我们刚刚看的是《小飞侠彼得·潘》，里面的鳄鱼可是个讨人喜爱的角色。让饥饿的鳄鱼参与游戏怎么样？

道具：

- 5个小垫子
- 一支笔、几张背胶纸条

准备：

1. 把5个垫子在地上铺成一排，两边是沙发或椅子，这样垫子就成了"桥"，而地板就是"水"。
2. 在5张背胶纸条上写上你想让孩子们学习的内容，比如，他们名字里的字母、数字、单词，或者拼读训练中的字母或字母组合（关于拼读的详细信息见第172页），什么都可以。给每个孩子写5张。
3. 把5张背胶纸条分别贴在5个小垫子上。

开动：

1. 让孩子们轮流通过垫子桥。但是，在出发之前，你要告诉他们，其中一个垫子是陷阱。
2. 你可以这样说："纸条上面写着……（某个单词、字母或数字）的垫子是陷阱。"例如，我和伊万玩这个游戏的时候，我就可能会说："写着'the'的垫子是陷阱。"
3. 帮助孩子们读出每张纸条上写的是什么，以便找出"陷阱"。确定陷阱后，孩子们就可以过桥了。遇到陷阱时，他们要小心地从上面跨过去。
4. 这时，你可以扮演那条饥饿的鳄鱼，藏在水里，随时准备"咬"他们踩到垫子外面的脚。
5. 第一个孩子过桥后，你可以让他们再走一次，也可以换一个词当陷阱，或者换另一个孩子来玩。
6. 如果孩子不小心踩中陷阱，鳄鱼就要一口"咬"住孩子拖下水。我们鳄鱼肚子里的闹钟在嘀嗒嘀嗒响哦！
7. 重复上面的步骤，直到所有的垫子都当过陷阱。这样一来，孩子们就在不知不觉中学到了很多东西。

如果是大一些的孩子，你就可以把一个单词的不同字母都塞进气球里。等孩子们弄破气球后，你就让他们把单词重新拼回去。

认识字母和数字

2+

气球里的秘密

有的孩子很害怕气球爆炸的声音，这个小游戏不适合他们来玩。但是，有的孩子却很喜欢各种噪音和破坏，特别是有爆炸效果的东西！那么这个小游戏就是他们的福音了。我设计这个小游戏是为了庆祝我在照片墙（Instagram）上的粉丝达到两万。每当我想提起一些会让人难为情的东西时，我都喜欢借助游戏来表达，这么做能分散所有人的注意力，人们就不会这样想——5分钟妈妈真是个喜欢自夸的家伙！

道具：

- 一支笔、一些小纸片
- 一些气球

准备：

1. 在小纸片上写下你想让孩子们学习的内容，例如，他们名字里的字母、不认识的字母，或者他们花了很久都没有掌握的字母。
2. 把小纸片叠成小块，塞进气球里。
3. 把气球吹起来，扎紧。

开动：

1. 告诉孩子们，他们需要弄破气球来发现藏在里面的秘密。他们能找到多少种弄破气球的方式呢？
2. 弄破气球后，让孩子们拼读包含这些字母的单词。他们能拼读自己的名字吗？

你也可以把一张长条纸钉在墙上，用蜡笔在上面画线、写数字和打钩。

认识字母和数字

3+

摸高高

如果你家有黑板，或者有面墙可以用作黑板，那就再好不过了。我梦想有一天我能有那样的一座大房子，不过我家现在的工具房也足够我们玩这个小游戏了！

道具：

- 几支粉笔
- 一个弹跳球（没有也没关系）

准备：

1. 用粉笔在墙上画一条竖线，起点在孩子们膝盖的高度，终点在你跳起来能摸到的最高处。从下到上标上数字，例如，从1标到5（或标到10或20）。
2. 把粉笔和弹跳球（如果有的话）放在旁边的地上。

开动：

1. 为孩子们示范，一只手握住粉笔向上跳，在最高点画一个记号。你够到了哪个数字？把它大声说出来，同时在这个数字的旁边打一个钩。
2. 现在轮到孩子们来跳了。把他们够到的数字大声说出来，同时在数字的旁边打一个钩。
3. 孩子们无法跳更高后，把弹跳球拿给他们，看他们能不能让弹跳球弹到更高的位置。如果没有弹跳球，你就把孩子抱起来，每次都让他们的手够到更高的位置。
4. 继续做下去，直到所有的数字旁边都打了钩。

你也可以用烤盘等各种容器来代替多孔蛋糕模。

认识字母和数字

3+

字母矿山

又是一个火车小游戏！伊万对字母不感兴趣，对火车却爱入骨髓，难道不是明摆着的吗？明摆着的？那可太好了！所以，我又设计了一个好玩的火车游戏。你知道的，我从不强迫，甚至从不要求我的两个孩子去"学"字母。但是，到伊万4岁上学（预备班）时，他几乎已经认识了所有的字母。为什么不用5分钟小游戏来"教"孩子呢？

道具：

- 带有货厢和轨道的玩具火车，或者用玩具挖掘机或卡车来代替
- 磁力字母，或者用纸板自制字母
- 一个多孔蛋糕模
- 一把剪刀
- 一支笔、几张纸

准备：

1. 把火车和轨道组装好，火车车厢要能装得下字母。
2. 把所有的字母堆在火车轨道的一端，这是你们的"矿山"。
3. 把多孔蛋糕模放在火车轨道的另一端。那里就是你们的"装卸台"，蛋糕模就是"集装箱"。
4. 用剪刀剪12张能放进蛋糕模的小纸片，每张上面写一个不同的字母，接着分别放进蛋糕模的小孔里。

开动：

1. 告诉孩子，火车有很重要的工作要做。它必须把"矿山"上的所有字母运到"装卸台"。
2. 跟孩子一起把字母装进货厢，每次都尽可能装得多一些。
3. 把火车开到"装卸台"，卸下字母。让孩子们寻找"集装箱"里的小纸片上写着的字母，再把它们分别装进正确的蛋糕模里。
4. 重复上面的步骤，直到把所有字母都运到"装卸台"并分装完毕。

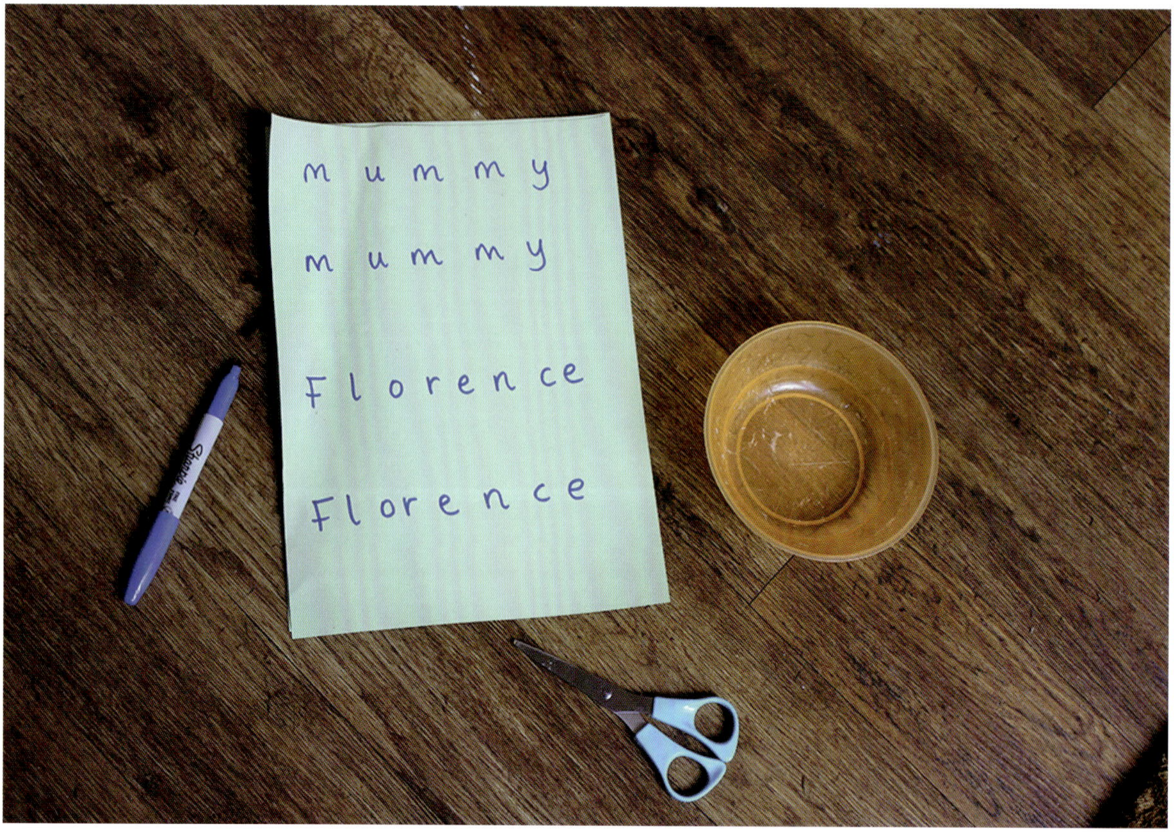
mummy
mummy
Florence
Florence

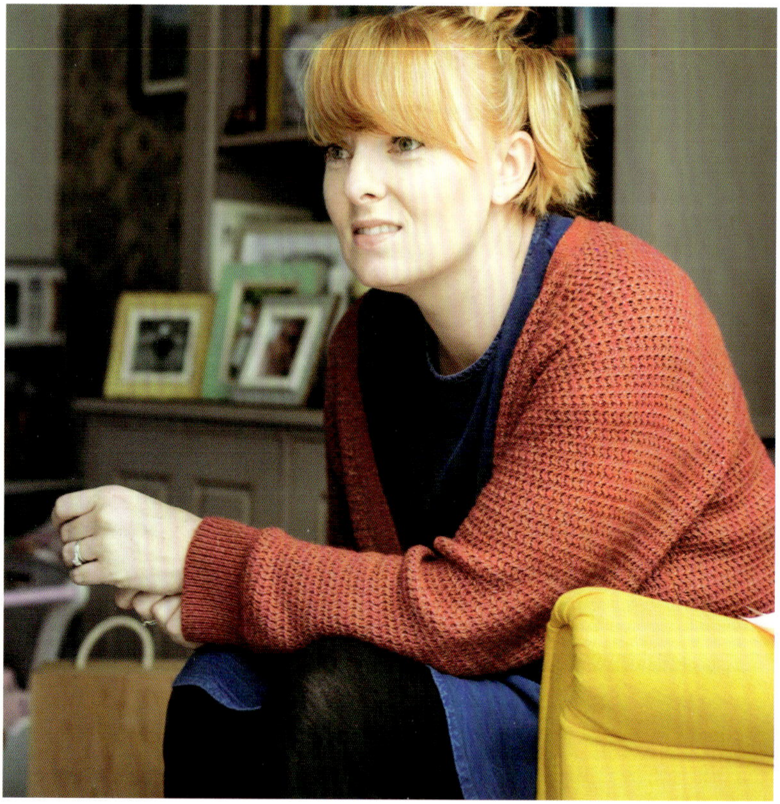

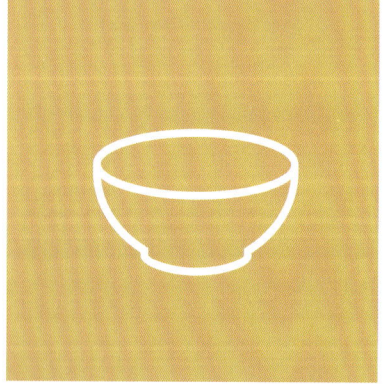

认识字母和数字

3+

123

配对游戏

有时候，一些简单的游戏就明摆在那里，可我们却从来想不起去玩它们。在养育孩子的"战斗"里，我们要忙不迭地训练孩子们如厕，给他们做健康的饭菜，过后还要把掉在地板上的饭菜打扫干净，当你不断地嘟囔着"救命啊！"或者大喊"你的鞋子在哪里"的时候，即便再有创造力的大脑也会乱成一堆糨糊。有时候，我们只需有人提供一些并不高深的建议："试试这个怎么样？"

名字配对

道具：

- 一支笔、几张纸
- 一把剪刀
- 一个碗

准备：

1. 把你的名字在纸上写两遍。
2. 把孩子的名字也在纸上写两遍。
3. 用剪刀把每个人的其中一个名字剪成单独的字母。
4. 把所有剪下来的字母对折后放进碗里。
5. 把每个人的另一个完整的名字放在旁边。

开动：

1. 轮流从碗里拿出一个字母。
2. 对照完整的名字配对。
3. 重复上面的步骤，直到配齐所有字母。

85

86

认识字母和数字

数字配对

道具：

- 一张A4纸或薄纸板
- 一把剪刀
- 一支笔

准备：

1. 把A4纸或薄纸板对折3次，得到8个长方形。
2. 用剪刀把这些长方形剪出来，得到8张小纸片。
3. 在8张小纸片上分别写上数字1、2、3、4，每个数字各写两遍。
4. 把所有小纸片混在一起，然后翻过去，让有数字的一面朝下。

开动：

1. 所有人轮流翻起两张小纸片，看上面的数字是不是一样，如果一样，就可以把两张小纸片赢到手。
2. 重复上面的步骤，直到所有小纸片都被赢走。谁手里的小纸片最多，谁就获胜！如果一样多，那就是平手！

88

认识字母和数字

每日字母

在社交媒体上关注我的朋友们应该对这个小游戏非常熟悉！每年秋季开学前一个月，我都会跟我的两个孩子玩这个小游戏。

我最早给孩子们玩这个游戏是在伊万 4 岁上学（预备班）那年，当时是为了在日常生活当中加入一些学习的元素，以此来帮助他适应学校的新环境和新生活。每天早上，我们都会从一个袋子里选出一个字母，用它玩上 5 分钟，还会把它写下来。每天字母游戏结束后，我还会送一个小礼物给他玩。

伊万非常喜欢这个小游戏。入学那天，在教室门前跟他挥手道别时，我真心觉得我已经为他在学校的第一个学年做了最好的准备。现在你也可以来这么做。

道具：

- 一套任何材质的26个字母，可以是木质的、泡沫的、有磁力的，也可以是写在便利贴上的
- 用来装字母的小盒子或小袋子
- 一支笔、几张纸
- 一袋小礼物（没有也没关系）

准备：

1. 把所有字母装进小盒子或小袋子。
2. 把小盒子或小袋子放在方便拿取的地方。

开动：

1. 每天早上，让孩子们从小盒子或小袋子里拿出一个字母。告诉他们这个字母该怎么念（关于字母和读音的更多内容见第172页）。你们可以一起用搞怪的声音来念。孩子们能发出什么样的有趣声音呢？
2. 现在，试着把这个字母写出来。你先写好，然后让孩子们照着写。既要写它的大写形式，也要写它的小写形式。
3. 接下来，看看家里有什么东西的名称是以这个字母开头的，或是读音中包含这个字母。例如，对字母h来说，你们可能会找到帽子（hat）。对x来说，你们可能会找到箱子（box），不过你要着重读出末尾的x。
4. 现在，让孩子把你们找到的东西在纸上画出来。
5. 画完后，我和孩子们有时也会针对当天的字母玩点别的（详见第91页）。在游戏的最后，你可以从装小礼物的袋子里拿出一个小礼物送给孩子。

有些点子来自我的网友们!

认识字母和数字 2

下面是你可以用来尝试的26个点子！

1. 用你家所有的鞋把每日字母摆出来。
2. 在院子里用木棍在土地或泥里写出每日字母。
3. 拿出拼单词游戏盒，看看里面有多少个每日字母。
4. 用粉笔把每日字母写在厨房地板上或外面。
5. 用石头摆出每日字母。
6. 到外面走一圈，看看有多少车牌上有每日字母。
7. 用剃须泡泡把每日字母写在浴室墙壁上。
8. 用白色蜡笔把每日字母写在一张白纸上，然后用水彩去涂，看看会发生什么。
9. 用手指在装了面粉的托盘里写出每日字母。
10. 用蘸了水的画刷把每日字母写在纸板上。
11. 用玩具汽车、火车、玩偶等玩具摆出每日字母。
12. 你用白板笔在窗户上写下每日字母，然后让孩子们去把字母擦掉。
13. 用脚在沙地或沙滩上踩出每日字母。
14. 在孩子们最喜欢的图画书里找到尽可能多的每日字母。
15. 让孩子们用身体摆出每日字母的样子，用手机拍下来给他们看。
16. 到外面走一圈，看看有多少标志牌上有每日字母。
17. 用小木棍摆出每日字母。
18. 将纸贴在桌子底下，反着写字母。
19. 让孩子们用荧光笔把报纸或杂志里的每日字母标出来。
20. 让孩子们把每日字母写得尽可能小和尽可能大。
21. 用玩具食物在野餐垫上摆出每日字母。
22. 一起用剪刀把每日字母从纸上剪下来。
23. 用纸胶带贴出每日字母的形状。
24. 用空心字体写几个不同的字母，让孩子们找出每日字母并涂上颜色。
25. 用孩子最喜欢吃的麦片和葡萄干摆成每日字母的形状。
26. 在一张纸上写下所有26个字母，让孩子们用记号笔或荧光笔把每日字母标出来。

鼓励宝宝独自玩耍的 5个小技巧

独自玩耍是孩子自动自发地玩耍、探索和发现，而没有你的干预、评论和帮助。首先我要说明的是，孩子独自玩耍与你陪他们玩同样重要。他们既需要跟你一起玩、聊天、阅读，也需要他们的独处时刻。你只需在两者当中找到平衡。

无聊能激发小脑袋们去创造。你的宝宝们需要一些空间和自由度去真正地认识他们自己。如果总有一个人在他们身边指手画脚，他们又如何能意识到自己能做到什么呢？独自玩耍能让孩子们对自己和自己所做的事情建立自信。

那么，如何鼓励宝宝独自玩耍？下面是5个小技巧：

1. 先陪孩子玩一个5分钟小游戏

先跟孩子玩一个便捷的5分钟小游戏。你要给他们完全的、心无旁骛的关注。这样做过之后，你就可以放心地让他们独自玩耍了，因为你已经陪过他们了，你并没有不管孩子，因而也不会有负罪感。另外，你跟孩子们玩过一个小游戏后，他们会更可能继续独自玩下去。

2. "我还有事情做，你自己玩吧。"

陪两个孩子玩过一个5分钟小游戏后，我就会告诉他们，我还有事情做，接着就走开。如果他们跟过来，我就会告诉他们："妈妈现在很忙，你们自己去玩。"我一边忙着手里的事情，一边反复这样讲。最后，孩子们就自己去玩了。我很喜欢看到他们想出我打破头也想不出的玩法。你可能会不忍心打发孩子自己去玩，可一旦你看到孩子独自玩耍时所展现出的创造力，你就会发现，这么做是值得的。孩子们只是需要你的鼓励，你的内心一定要坚定！

3. 准备工作要做足

我通常会在外面摆3个玩具或小游戏来鼓励我的两个孩子来玩。这其实一点也不麻烦，我只是在家里找一块容易清理的地方，拿一些玩具出来，例如，几个玩偶和一张毯子，或者一些乐高积木和动物玩具。这种准备工作只需花上 5 分钟，摆出"邀请"孩子来玩耍的阵势。只要孩子们看到了，他们就很可能自己来玩这些玩具。如果你只是指着游戏柜子让他们去拿玩具玩，他们就只会反复抱怨："我自己玩太无聊了！"孩子们都很懒。给他们一些方便，也是给你自己方便。

4. 借助计时器

计时器是用来帮助孩子们理解时间概念的好工具。时间概念要从小培养，例如，拿出几个玩具，然后给孩子们看你的计时器，告诉他们计时器是如何工作的。你可以说："我在计时器工作的这段时间里有别的事情要忙。"然后给计时器定时 5 分钟，放在孩子们能看到的地方。这样做几个星期后，等他们对 5 分钟有了一定的概念后，你就可以慢慢地增加时间。我大致的经验是：两岁孩子一次可以独自玩耍10分钟左右，3 岁孩子的这一时间差不多是20分钟，4 岁孩子大约半小时（我想这是几年前我从一个关于孩子的电视节目中看到的）。

5. 不要打扰

在孩子们自己玩的时候，我们这些自诩聪明又勤劳的父母往往会忍不住评论几句。"这个塔真好看！""你手里的汽车是什么颜色的？""你玩积木的本事不错呀！"我们忍不住会这样做。这是一种非常自然的反应，谁说不是呢？而且，我们跟孩子交流对孩子的发育也极为重要。不过，谈到鼓励孩子们独自玩耍，我们有时就要尽力避免在孩子全情投入的时候发表看法，只要远远地看着他们就好，任由他们沉浸在玩耍当中。你不必每一次都这样做，但是，在大多数时候，如果他们在专心玩耍，你就最好不要去打扰他们的小天地。

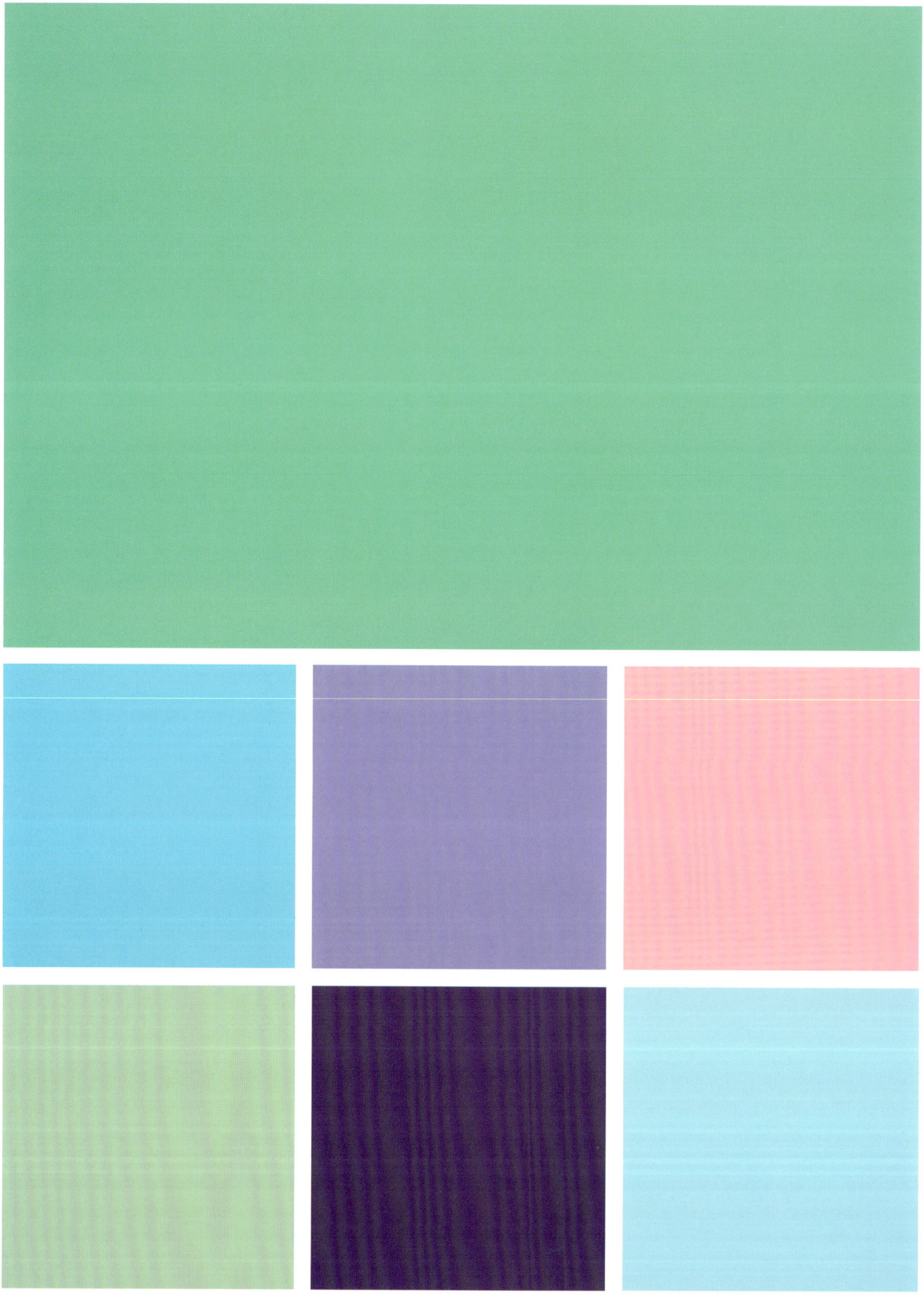

第3章 "来吧，你我来比一比"

小比赛有大用场

大号蛇棋

字母骰子

极速闯关

吹吹足球

趣味运动日

拍字母

足球世界杯

客厅排球和客厅网球

反弹球

打落字母

花式投篮

甩掉它

石板路

丢纸球

室内跳远

小比赛有大用场

这一章的标题中,"你"指的是你的孩子,或者你的孩子们,假如你有两个、三个、四个或者更多孩子的话(向所有养育两个以上孩子的父母致敬!)。而"我"指的是你,读者。

孩子们很擅长把家里玩的小游戏变成一场比赛。说到输赢,我一般会在家里保持2∶1的比例。也就是说,每三次游戏,我的孩子们赢两次,我赢一次。我不想每次都赢他们,打击他们的自信,就像我在草坪上的跳舞比赛中大喊:"10比0,我又赢了,孩子们。"没有人想看到这一幕。而且,我还想让孩子们看到,我真的努力去赢了。我还想让他们看到我获胜后的样子,以此来为他们示范我希望他们在获胜后如何表现,不管他们赢的是我还是他们的朋友们。游戏结束后,不管谁输谁赢,我们都会说一些"你的表现真不错"或"来,击个掌"这样的话。

在这一章里,我会反复强调游戏要轮流玩。孩子们是些自私的小家伙,总想玩了一次又一次,还总想按照他们自己的方式玩。可是,这不是社会通行的规则。所以,我们就得耐心地教他们学习分享。不过,我并不会在两个孩子又一次抢玩具的时候教育他们"分享就是关心!",而是会陪他们玩需要轮流玩的小游戏,以此来让他们知道,分享到底是怎么一回事。我的家里还有许多沙漏来计算分享玩具的时间,因为争吵是无法解决问题的!

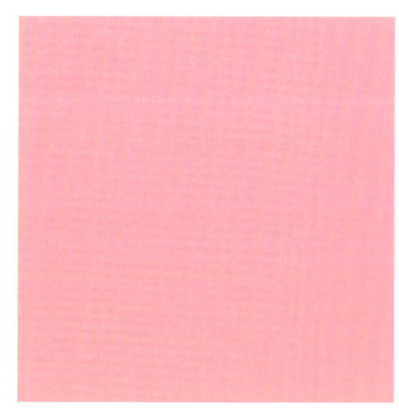

"来吧，你我来比一比"

一旦发现自己即将"输掉"游戏，有的孩子就很难再对游戏保持兴趣或热情了。坚持不懈或许是最难教的特质。在这里，最有用的一个词是"暂时"。如果孩子说："不行，我做不了！"你就可以回答："你只是暂时做不了。"你可以向孩子解释，所有的大师，不管是做什么的大师，当初都有迈出第一步的时候，甚至第一步还迈错了，以此来鼓励孩子。万事开头难，只有不断尝试才能进步。平时，你也要多跟孩子讲讲你感到困难或做错的事情。

由输、赢、坚持、轮流、保持耐心、遭遇困难或失望，所带来的情绪都是生活的必要组成部分。如果我们能通过玩游戏来向孩子们示范如何正确地面对这些情绪，那么我们就能最大程度地促使他们做好面对现实世界的准备。那么，我们怎样做才能更好地做到这一点呢？别忘了我们的 **黄金法则**，以及那个神奇的问句："你想来玩吗？"

小比赛有大用场

家里空间不够时，你可以试着带孩子们去附近的公园里玩其中的一些小游戏！

如果你想锻炼孩子阅读，就可以增加一些"趣味"格子，例如，"原地跳5次"，或者"后退3格"。随便你！

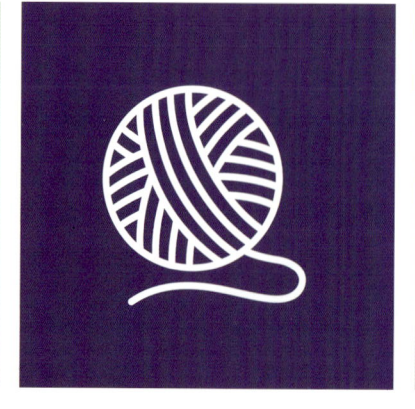

"来吧，你我来比一比"

大号蛇棋

我喜欢骰子，很多小游戏都会用到它们，而且让孩子数上面的点数，从 1 数到 6，也是一个了不起的技能。我家里有很多骰子。每当我想不出主意的时候，我就会抓一个骰子来摆弄。下面这个小游戏的创意来得十分突然，我当时正在为了想出要跟孩子们玩些什么而头痛不已，而且对自己咕哝着脏话！

道具：

- 一些书或垫子（大约25本或25个）
- 一段或几段细绳（依"蛇"的数量而定）
- 纸胶带
- 骰子

准备：

1. 把书或垫子在地上摆成蛇形。每本书或每个垫子都相当于棋盘上的一个格子。
2. 把用细绳表示的"蛇"搭在两个格子之间。"蛇"可以是一条，也可以是好几条。
3. 用纸胶带连接另外两个格子，这是"梯子"。"梯子"可以有一架，也可以有好几架。（你不必让"梯子"真的像一架梯子，它可以只是一条线，如果你追求视觉效果，可以给"梯子"加上"横档"。）

开动：

1. 嗯，好像不用讲你也知道怎么玩，是不是？你们只需轮流掷骰子，向前移动相应数量的格子。你们自己就是棋子！
2. 如果踩到蛇头，那就退回蛇尾处的格子。
3. 如果踩到梯子，那就前进到梯子另一头的格子。
4. 谁先到达终点，谁就获胜！

把骰子数加倍，加入更多字母！

决出输赢后，看看用这些字母能组出多少个单词！

"来吧，你我来比一比"

字母骰子

有一阵子，似乎我认识的所有父母家里都铺着字母泡沫垫。你知道的，就是那种好多块拼接在一起、颜色很鲜亮的垫子。我看到有人卖二手的这种垫子，因为生怕自己"错过一个亿"，就买了一些，却没有找到地方铺。于是我就开始想：我能用它们来和孩子们玩什么小游戏？等我想到把它们拼成一个立方体后，这个小游戏的样子就立刻清晰起来。

道具：

- 6块能拼在一起的字母泡沫垫（如果没有，可以在一个纸箱上随机写几个字母）
- 胶带（如果用纸箱的话）
- 一支笔、几张纸

准备：

1. 把6块字母泡沫垫拼成一个正方体，或者把6个字母分别写在方纸箱的6个面上，做成一个大号字母"骰子"。
2. 把你和孩子的名字分别写在两张小纸片上，做成"记分卡"。
3. 把"骰子"上的6个字母写到"记分卡"上。每掷出一个字母，就在纸上圈出来。你还可以给孩子一张空白纸，每掷出一个字母，让孩子自己写在纸上，具体取决于孩子的能力。

开动：

1. 轮流掷骰子。
2. 掷到哪个字母，就用笔在自己的"记分卡"上圈出那个字母（或者写下来）。
3. 谁首先圈满全部6个字母，谁就获胜！

改变关卡的顺序。让孩子们猜猜，这么做会提高成绩还是降低成绩，然后让他们去检验一番。这样玩能培育孩子们的科学思维！

让孩子们为你计时！这么做能把认识数字和练习写字融入活动身体的游戏当中！

"来吧，你我来比一比"

极速闯关

2+

这个小游戏的厉害之处在于，你可以让孩子们相互比试，而你则可以坐下来歇几分钟！我第一次给我的两个孩子玩这个闯关游戏是在我父母家里。那天，我们已经玩了很久，都累坏了，气喘吁吁地想要喝茶、休息，可伊万仍旧体力充沛。于是我们就在地上丢了一些垫子和一个脚凳，然后轮流为伊万计时，直到他把多余的精力消耗掉，我们才终于能够坐下来喝茶。

道具：

- 10件可以用作关卡的物品。你可以用垫子来当石板路，用书来当栏架，用空纸箱来当隧道，用脚凳来当小山，用洗衣篮来往里面扔球，用毛绒玩具来围着绕圈，等等
- 一个计分板。你可以用纸和笔来计分，也可以用黑板、白板或磁力画板来计分
- 一个秒表或计时器

准备：

1. 把所有用作关卡的道具摆在房间或院子里。
2. 把计分板和计时器放在旁边。

开动：

1. 为孩子们详细示范如何闯关。
2. 告诉孩子们，你会在计分板上帮他们记下闯关所用的时间，所以整个过程要尽快完成。
3. 你可以这样发令："站好！准备！出发！"同时按下计时器。
4. 孩子们完成闯关后，把成绩告诉他们，然后一起把成绩写到计分板上。
5. 轮流重复上面的步骤。他们能让成绩再提高一点吗？他们能战胜你吗？

103

伊万总是不大喜欢写字,所以计分是偷偷让他写字的极佳方式!

"来吧，你我来比一比"

吹吹足球

我刚开始写博客的时候，我的一个亲戚让我给她的孩子亨利想几个小游戏来玩。亨利跟伊万一样大，得了一种叫囊性纤维化的病。这是一种遗传病，会让人呼吸困难。他每天都得锻炼身体，其中一项是用力吹气，尽可能把肺里的空气排出去。他的妈妈觉得，如果他能在玩耍当中做这件单调的事，那么会有趣很多。于是，我设计了3个吹气游戏，以《亨利的小游戏》为题发在了博客里。后来，我又多次往里面添加了新的小游戏。亨利跟他爸爸一样喜欢踢足球，所以这是我建议他玩的第一个小游戏。不过，这个小游戏也完全适合所有人来玩！（更多吹气游戏见第203页）

道具：

- 纸胶带
- 两个塑料杯或纸杯
- 两根吸管
- 一个小球，或者用纸或锡纸团成的小球
- 一个计分板。你可以用纸和笔来计分，也可以用黑板、白板或磁力画板来计分

准备：

1. 用纸胶带在一张矮桌的两边各粘一个杯子。
2. 把吸管、小球和计分板放在桌子上。

开动：

1. 把小球放在桌子中间。两人面对面站在桌子两边，各拿一根吸管。
2. 发令"开始！"，两人随即分别通过手里的吸管吹小球，目标是把小球吹到对面桌边的杯子里。
3. 谁进了球，谁就能在计分板上加一分。谁得分高，谁就获胜！

为了增加刺激性，我经常努力保持平局，把决胜局留到最后，当然最后赢的一般是孩子们！

你小时候玩过哪些趣味运动？你可以把羊角弹跳球和套圈也加进去，随便你加！

"来吧，你我来比一比"

趣味运动日

并不是所有父母都喜欢趣味运动游戏，我很清楚这一点。对一些父母来说，学校的趣味运动日是最不让他们省心的时候。不过，另一些父母（比如我）却希望每一天都是趣味运动日。下面的小游戏借鉴了传统趣味运动日里的一些元素，以此来让孩子们在院子里玩个痛快，我也能找回许多童年的快乐时光！不管孩子们了，这场"顶沙袋"赛跑我要赢！

道具：

- 粉笔
- 每人一把勺子
- 每人一个小球，或者用纸或锡纸团成的小球
- 每人一个结实的大袋子（例如，可以重复使用的购物袋）
- 每人一个小沙袋，或者用三明治包装袋装一些大米
- 每人一小段绳子或彩带
- 一个计分板（没有也没关系），你可以用纸和笔来计分，也可以用黑板、白板或磁力画板来计分

准备：

1. 用粉笔画出，或者用物品摆出起点线和终点线。
2. 把每个游戏环节要用到的物品都摆出来。把勺子和小球（或用纸或锡纸团成的小球）摆出来，把大袋子堆在一起，把小沙袋摆在地上，把绳子或彩带也摆出来。

开动：

1. 在"勺子托蛋"环节，你和孩子们需要用勺子托着球，冲向终点。
2. 在"跳袋子"环节，你和孩子们需要站在袋子里跳到终点。
3. 在"顶沙袋"环节，你和孩子们需要头顶沙袋冲向终点，沙袋不能掉下来。
4. 在"两人三足"环节，你和孩子们需要把彼此的一条腿绑在一起到达终点。这个环节没有输赢，只是为了好玩。
5. 最后是"冲刺跑"环节，撒丫子跑就行了！

如果孩子太小，那就用不同颜色的字母，你只需喊出颜色让孩子去拍。

你可以把字母替换成数字，或者其他任何东西！

"来吧，你我来比一比"

拍字母

伊万4岁生日那天，我们去了一家乐高中心，那里有一个测试反应速度的装置，你得尽快用两只手去拍灭所有突然亮起的灯。我们都去玩了一遍。接着，我就把它作为新的"游戏点子"记在了手机里。这个小游戏很受欢迎，我去伦敦时还带了锅铲在包里，以便在电视上现场演示。虽然它玩起来有点怪怪的，可谁又会介意它所换来的宁静时光呢！

道具：

- 塑料字母或磁力字母（或者把字母写在纸板上，再用剪刀剪开，剪大约6个就够了）
- 蓝丁胶
- 能用来拍的东西，例如，塑料锅铲或苍蝇拍就很理想
- 一个计分板。你可以用纸和笔来计分，也可以用黑板、白板或磁力画板来计分
- 一个秒表或计时器

准备：

1. 用蓝丁胶把大约6个字母粘到一扇门或一面墙上。
2. 把其他材料放在旁边。

开动：

1. 告诉孩子们，你要开始计时，同时会喊出字母，孩子们需要尽快拍到正确的字母。（如果孩子不止一个，那么就轮流玩。）
2. 把定时器设为30秒或一分钟，然后说"开始！"。
3. 每当孩子拍中正确的字母，你就在计分板上他们的名字后面打一个对钩，或者画一条线。
4. 到时间后，喊"停"，然后计算分数。
5. 现在轮到你上场了！给孩子们示范如何使用计时器，然后让他们喊出字母，并且把你得到的分数记到计分板上。
6. 再让孩子们来一轮。他们能打败你吗？他们能超过他们上一轮的分数吗？

你可以用数字来代替字母。

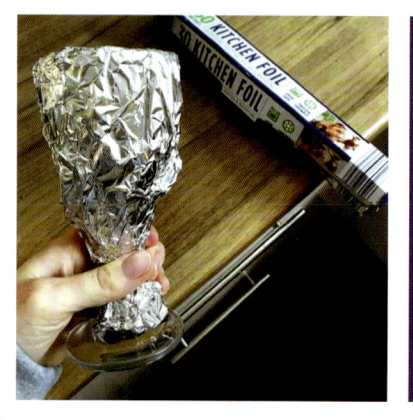

别忘了颁奖典礼,以及亲吻世界杯!

"来吧，你我来比一比"

足球世界杯

在家里来一场足球世界杯！你家有喜欢踢足球的孩子吗？这个小游戏就是为他们准备的。我的父亲和丈夫都喜欢踢足球，所以孩子们也很喜欢在院子里踢上几脚。这同时也意味着，我可以自己静静地待5分钟！我设计这个小游戏是为了庆祝某一年的父亲节，这样我就不用再去画手指画了！

道具：

- 10块字母泡沫垫，如果没有，也可以拿几张纸板写上字母
- 一个球门（我用的是躺倒的洗衣篮）
- 一个足球
- 一个奖杯，或者包了锡纸的杯子

准备：

1. 把上面有字母的垫子或纸板随机地扔在院子里。
2. 把球门放在院子的一头，足球放在另一头。
3. 把奖杯放在显眼的位置。

开动：

1. 告诉孩子，你们是一支足球队，那个奖杯就是世界杯！
2. 把球扔到空中（或者让球滚到院子中间），然后大声说出一个字母。孩子必须找到那个字母，把球绕着它盘带一圈，然后把球踢进球门得分。
3. 现在该你上场了！由孩子来扔球，大声说出字母。你来找到字母，盘带一圈后射门。
4. 所有的字母都做过一遍后，你们已经进了10个球，祝贺你们的足球队赢得世界杯！

只要气球不落地，比赛就可以一直进行下去！

"来吧，你我来比一比"

客厅排球和客厅网球

对很多小孩子来说，他们需要练习很久才能学会接皮球，而且玩接球游戏会让许多孩子迅速变得灰心丧气。然而，如果是一只大气球的话，它飞起来的速度就会慢得多！所以，你可以用气球在你家客厅或院子里（假如外面风不大的话，不然气球飞走了，孩子们就会变成小泪人儿了）玩排球或网球小游戏。而且，这个小游戏还能锻炼孩子们接住或击打移动物体的能力。

道具：

- 几个垫子（摆在一起要足以将游戏场地一分为二）
- 一个气球（最好还有几个备用的，以防气球爆炸）
- 每人一个纸板或塑料板
- 一个计分板，你可以用纸和笔来计分，也可以用黑板、白板或磁力画板来计分

准备：

1. 把垫子放在场地中间当"球网"。
2. 把气球、板子和计分板放在旁边。

开动：

1. 告诉孩子们，他们要分别站在球网两侧，把球打过球网，只要落到对面地上就能得分。
2. 如果你们玩的是"排球"，那么用手打气球就可以了。如果你们玩的是"网球"，那么就要用板子来作为球拍去击打气球。
3. 谁把球打到对面地上，谁就得一分。把分数记到计分板上。
4. 谁首先得到 5 分，谁就获胜！

如果你要用这个小游戏来帮孩子们认识颜色，就可以使用不同颜色的杯子，或者把不同颜色的东西放进杯子。这很适合给1~3岁的孩子玩。

如果你要用这个小游戏来帮孩子们认识字母或数字，就可以用白板笔或铅笔把字母或数字写到杯子上，或者把字母或数字积木放进杯子。这很适合给3~4岁的孩子玩。

如果你要用这个小游戏来帮孩子们学习写字，就可以把字母或数字积木放进杯子，然后在一张纸上画上同样数量的方格，只要孩子们把小球弹进杯子，他们就可以把杯子里的字母或数字写到方格里。谁先填满自己的方格，谁就获胜！

你也可以在桌子两头摆两组杯子，然后来一场比赛！

"来吧，你我来比一比"

反弹球

这个游戏源自我的闺蜜们。她们太了解我了，所以，周末我们玩了好多超好玩的游戏，包括"啤酒乒乓球"。最终以我妈作弊，每个人都笑出眼泪结束。我筋疲力尽地回到家，发现手包里还有一个乒乓球。于是我心想，可能两个孩子也会喜欢玩这个。（当然，要拿掉啤酒，但我也很长时间没喝了！）

道具：

- 几个纸杯或塑料纸杯
- 一支笔、几张纸
- 一把剪刀
- 一个乒乓球或弹力球

准备：

1. 把所有的杯子放在地上。可以随意地分散放，也可以摆成一排，或者摆成三角形。
2. 在一张纸上写下你想让孩子们学习的内容，用剪刀剪开，分别放进几个杯子，一个杯子里放一张。例如，如果孩子们正在学认字母或数字，你就可以把它们写到纸上。
3. 把小球放在旁边。

开动：

1. 告诉孩子们，游戏规则是，把球往地上扔，并尽量让它弹进杯子里。（如果不止一个孩子，那就轮流来玩。）
2. 把球弹进杯子后，孩子们就可以拿出杯子里的字条，看上面写了什么。帮助他们把上面写的东西大声念出来，过后把杯子拿走。
3. 重复上面的步骤，直到所有杯子都消失不见！

要总是把孩子熟悉的字母（例如，他们名字里的字母）和生疏的字母搭配起来玩。

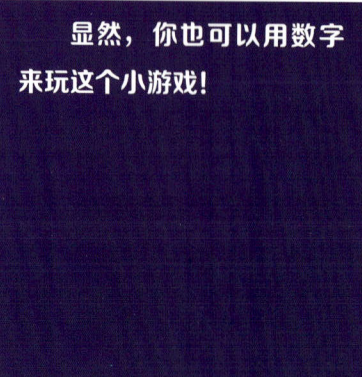

显然，你也可以用数字来玩这个小游戏！

"来吧，你我来比一比"

打落字母

磁力字母和磁力数字是我设计的小游戏中的关键道具（详见第7页）。它们像积木一样，可以有数不清的玩法，抓来就可以玩。我和孩子们在家里玩的小游戏常常带有一些竞争和破坏的味道。如果孩子们能在扔球的同时认识一些字母或数字，那是再好不过的事！我的目的就是让孩子在享受游戏乐趣的同时不知不觉地学到一些东西。

道具：

- 磁力字母（每人3~4个），或者用纸板自制字母，用蓝丁胶将其贴在墙上
- 一个小球（最好是弹力球）

准备：

1. 把磁力字母吸到金属表面上，或者用蓝丁胶把纸板做的字母松松地粘到门上或墙上。
2. 把小球放在旁边，等待孩子们来发现！

开动：

1. 面朝门或墙坐在地板上，腿伸直，脚抵在门上或墙上。孩子们腿短些，所以也会坐得靠前些。
2. 轮流瞄准字母扔小球，把它们打下来。扔小球前要说出目标是哪一个字母，打下后就可以把字母赢到手。
3. 重复上面的步骤，直到所有字母都被打下来。数一数，看谁打下来的最多。别忘了让每个孩子都把他们手里的字母念一遍。对于这些字母，孩子们听、读的次数越多越好。

你可以想出更多的主意来用一个篮子和几个小球做游戏。你的孩子们能想到一个玩法吗?

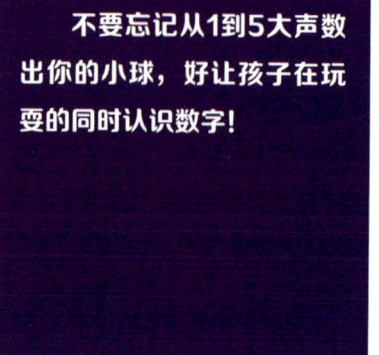

不要忘记从1到5大声数出你的小球,好让孩子在玩耍的同时认识数字!

"来吧，你我来比一比"

花式投篮

这个游戏会惊艳到你，就跟当时的我一样。尽管我跟3岁的弗洛伦丝玩这个游戏的时候，我自己刚与朋友们玩了一夜，有点儿宿醉。如果我想躺下来休息一会儿，我一般就会先跟孩子们玩个小游戏。这样我就能放心地躺下来看电视了。因为我知道，他们有的玩。那天天气很好，所以我们一起去了院子里。地上刚好有一个水桶，旁边还有许多小球……

道具：

- 每人5个小球
- 每人一把勺子
- 一个水桶

准备：

1. 把每人的小球堆成一小堆，把勺子放在旁边。
2. 把水桶放在距离小球10小步远的地方。

开动：

1. 在游戏的第一个环节，让孩子们跑到水桶旁边，把自己的小球扔进去，一趟只能扔一个。
2. 在游戏的第二个环节，依然让孩子把球扔进水桶里，不过要让孩子们用身上穿的衣服来运自己的小球。
3. 在游戏的第三个环节，让孩子们用勺子来运自己的小球，就像"勺子托蛋"比赛那样。
4. 在游戏的第四个环节，把水桶放倒，让孩子们轮流把自己的小球瞄准水桶踢，争取把小球踢进去。
5. 在游戏的第五个环节，让孩子们站在距离水桶3步远的地方把自己的小球一个个地扔进水桶。
6. 对于以上所有游戏环节，谁最先让自己的5个小球进入水桶，谁就获胜！

119

孩子越小，盒子上的开口就应该越大，以此来降低游戏的难度。

"来吧，你我来比一比"

甩掉它

在圣诞节期间，我们会在饭桌上互赠"桌上礼物"，即互赠一些傻乎乎的有意思的小玩意儿。去年，有人送给我一个通过活动身体来把乒乓球从绑在身上的盒子里甩出去的玩具（Twerk Pong）。孩子们很喜欢玩。我们一边在屋里跳个不停，一边哈哈大笑。我突然想到，我可以把它变成一个小游戏，一个能消耗孩子们的旺盛精力，也让我们成年人借机在电视机前面吃着一罐巧克力休息一小会儿的完美游戏！

道具：

- 每人一个上面有孔或者可以从上面打开的小盒子（例如，用完的纸巾盒）
- 每人一段细绳或丝带
- 每人 5 个小纸团

准备：

1. 在小盒子上面扎两个孔，把细绳或丝带从中间穿过去。细绳要足够长，能绑在每个人的腰上
2. 在每个小盒子里放 5 个小纸团。

开动：

1. 用细绳或丝带把小盒子绑在每个人的腰上。
2. 发令："预备！开始！"
3. 所有人通过跳、抖、弯腰等各种动作来把小纸团从小盒子里甩出去。
4. 谁最先把 5 个小纸团全部甩出去，谁就获胜！

如果孩子特别小，你可以让他们跟着你依次跳上不同的垫子，一边跳，一边数"1、2、3……"

"来吧，你我来比一比"

石板路

不要踩在岩浆上！你小时候有没有玩过"躲避岩浆"游戏？你有没有把垫子铺在地上当"石板路"，然后尝试从上面走过去，而不踩到垫子外面的地毯，也就是想象的"岩浆"？下面这个小游戏可以有很多种玩法，因此适合各个年龄段的孩子来玩！

道具：

- 6个垫子
- 每人6张写有学习内容的小字条，例如，颜色、字母、数字、单词或字母组合（关于字母组合的详细信息见第173页）
- 一个骰子

准备：

1. 把垫子在地上铺成一列，成为由6块"石板"组成的"石板路"。
2. 把每人的6张小字条依次摆在6块"石板"旁边，与"石板"一一对应。
3. 把骰子放在旁边。

开动：

1. 孩子们发现这个看上去似乎很有意思的游戏道具后，把游戏的玩法告诉他们。所有孩子轮流掷骰子，掷到几，就站到第几块"石板"上。
2. 把"石板"旁的小字条捡起来，大声读出上面的内容（例如，红色、5或T），接着就可以把小字条赢到手了。
3. 谁先赢走全部6张小字条，谁就获胜！
4. 继续游戏，直到所有孩子都拿到6张小字条为止。

把报纸团成小球的活动特别有助于强化孩子在握笔等精细运动中所用到的肌肉！

"来吧，你我来比一比"

丢纸球

我家仍然能定期收到免费报纸。报纸一到，我满脑子想的都是：哇！免费的游戏材料！报纸可以用来在孩子画画的时候垫桌子（我们大概一个月才画一次），也可以用来玩混凝纸浆（我们目前只玩过一次）。但是，在大多数情况下，报纸都能团成小球来扔！而且，这个小游戏最好的一点是，清理起来极为方便，只需把所有东西倒进垃圾桶就行了！

道具：

- 一支笔、几张纸
- 3个水桶，或大碗、洗衣篮
- 一张报纸

准备：

1. 在3张纸上分别写上1、2、3。
2. 把3个水桶摆成一排，前面放上数字。
3. 拿报纸为每人撕6张小纸片。

开动：

1. 所有人都把自己的6张小纸片放在身边。
2. 发令："预备！开始！"
3. 把小纸片快速捏成小纸团，然后丢进桶里。1号桶里丢1个，2号桶里丢2个，3号桶里丢3个。
4. 谁最先完成任务，谁就获胜！

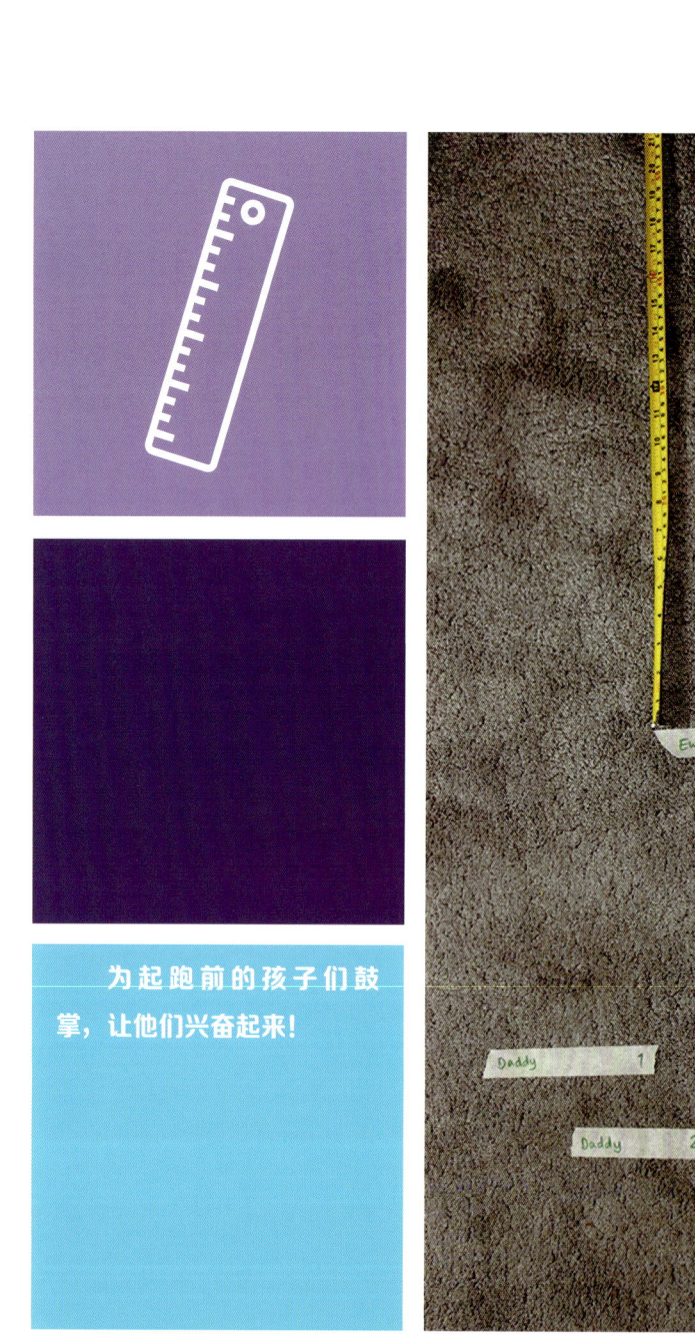

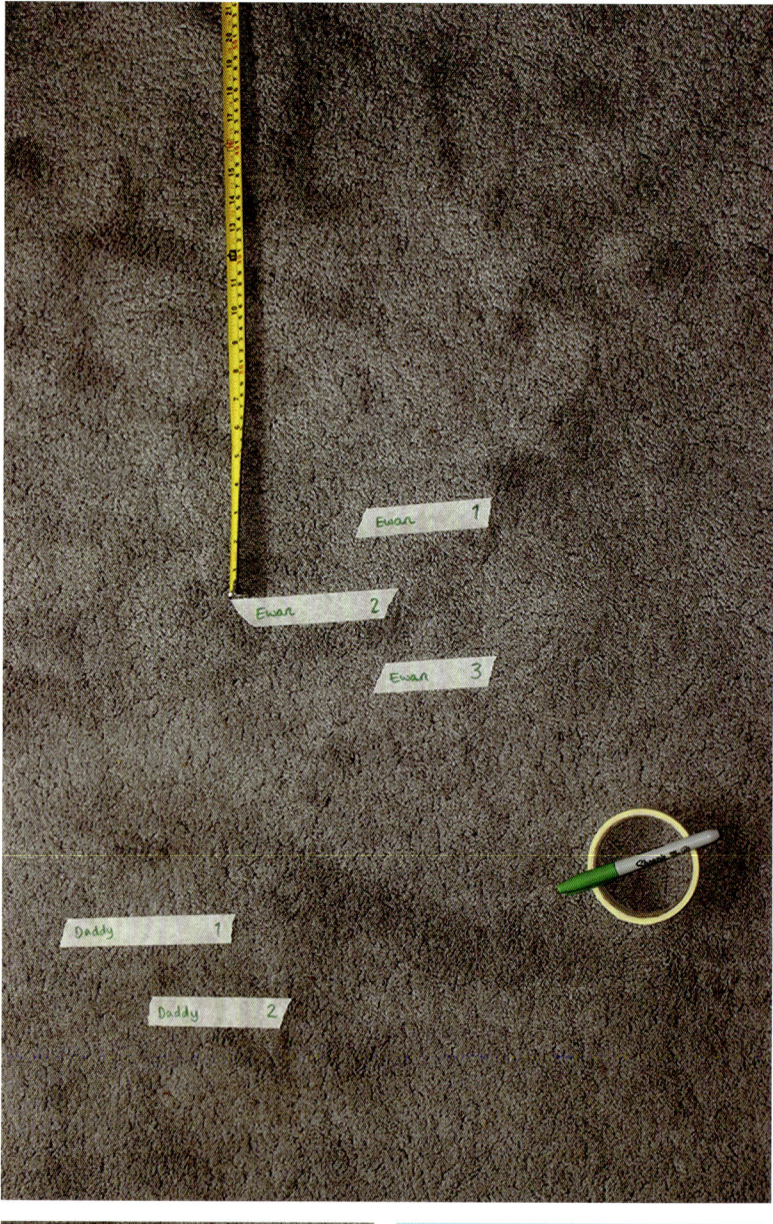

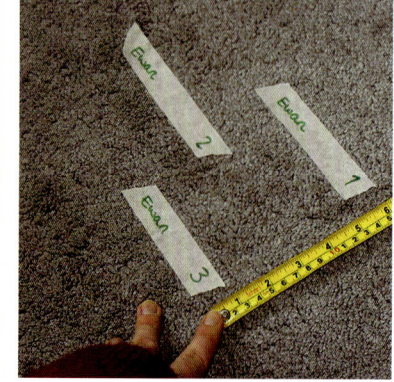

为起跑前的孩子们鼓掌，让他们兴奋起来！

"来吧，你我来比一比"

室内跳远

这个小游戏完全是别人的功劳。如同"5分钟妈妈"这个名字一样，这个小游戏背后的主意也出自我的丈夫，也就是伊万和弗洛伦丝的好爸爸。他也经常跟两个孩子玩有趣的游戏，只是没有在博客里写出来！有一天，我们在电视上看了田径比赛。过后，伊万想向我们展示他能跳多远，于是，爸爸就给他准备了下面这个小游戏。

道具：

- 纸胶带
- 一把盒尺
- 一支笔

准备：

1. 把所有材料放在你家最宽敞的房间地上。

开动：

1. 用纸胶带在地上贴出助跑线。
2. 再用纸胶带在地上贴出起跳线。告诉孩子，脚尖不可以超出起跳线。
3. 让孩子们轮流助跑、起跳，落地后立刻用纸胶带标出他们落地的位置。
4. 用盒尺量量他们跳了多远，接着把长度写在纸胶带上。
5. 让他们再跳一次。他们能超过上一次的成绩吗？

5分钟妈妈的"不可能三角"

你不可能面面俱到。对,你做不到。你做不到既能陪孩子玩5分钟小游戏,又能把家里收拾得一尘不染;既能做出健康可口的饭菜、洗衣、回邮件,又能总在怀里抱着婴儿,还能打电话预约牙医。不,不可能。你不是八只"脚"的章鱼。如果你想把这些事情全都立即做完,那么结果只能以崩溃告终(或者,坦率地说,开始依赖某种孩子见不得的东西,那更可耻,不是吗?)。

一天傍晚,我站在厨房操作台前,大口吞着前日晚上剩下的炒饭,我感到心里涌起一阵负罪感。下午,我陪伊万做了作业。随后,我坐下来抱了弗洛伦丝一阵子。她小睡醒来后发了点小脾气。做完这些后,时针已经指向了5点——我们这里的晚餐时间。我怀着绝望的心情打开冰箱,用微波炉给自己热了吃剩的快餐,又给孩子们做了极为简单的烤面包片加豆酱。这完全不是我过去每每设想的健康饭菜……

随后,我开始想:不行,要换一种想法!我陪伊万做了作业,也陪他聊了天,玩了游戏。我也安抚了两岁的妹妹,让她重新开心了起来。我做得没问题。

那么,我的负罪感又是从何而来呢?

我画了一个三角形,一个角写上"安抚弗洛伦丝",一个角写上"做作业"(陪伊万),最后一个角写上"做晚餐"。然后,我在中间写下的是"选两样!"接着,我圈出了我已经做掉的那两件事。

你不可能把它们全做掉,选两样就好。

如今,每当我身处类似的困境时,我都会在心里画一个三角。我告诉自己:"你只能选两样。"剩下的一样只能放弃,那么放弃哪一样呢?换作其他时候,我或许会选择安抚弗洛伦丝和给家人准备营养餐,让伊万自己做作业。或许,我会优先考虑陪伊万做作业和做饭,但弗洛伦丝就会在我切菜的时候发脾气。在无限丰富的生

5分钟妈妈的"不可能三角"

活里,我们的"不可能三角"也都不尽相同。

你无须整天给自己画不可能三角,只需在分身乏术又为此而焦虑不安的时候这样做。

但愿这些"不可能三角"能帮上你的忙。我经常在网上介绍这一经验。不为别的,只为提醒父母们,保护好自己才能照顾好孩子。

你不可能面面俱到!

做晚餐

选两样!

做作业　安抚弗洛伦丝

如果你感到自己无法应付,不妨去咨询家庭医生或志愿机构。

第4章 入学前玩的小游戏

入学前的准备工作

穿衣游戏

写名字赢硬币

两个圈

打开密码锁

寄信与送信

字母怪兽

小商店

垃圾广告大搜索

数字小偷

这是谁干的

挖字母

海盗的寻宝图

数字蜘蛛网

砸金蛋

怪怪汤

讲故事，写单词

入学前的准备工作

老话说得好：前一分钟，你还在高度警惕宝宝打奶嗝，眨眼的功夫，他就变成了一个努力穿上小学校服，并且总是说你闻起来像便便的 4 岁孩子。

我突然发现，自己已经摇身一变，成了"学生家长"，这让我感到既紧张又兴奋，因为孩子终于开始探索未来人生的新征程了。在伊万入学前的那个夏天，我在一篇博客里介绍了我们为这件大事所做的准备工作。说实话，其中很可能会有你想象不到的事情。

在老师的眼里，刚入校的小朋友什么都不会，所以会从零开始教他们认识字母和数字。整个过程，老师们都会全程陪伴。如果孩子们在入学第一天写不出漂亮的字母，那也完全没问题。不过，父母们却很可能会忽视另一些用处更大也更为基础的技能！例如：

- 自己穿衣服
- 自己上厕所
- 在需要时求助
- 看懂自己的名字
- 处理分离焦虑

所以，下面我就谈谈以上方面该如何准备，希望对你的孩子有用！

入学前玩的小游戏

自己穿衣服

小学里老师与学生的比例，与幼儿园里老师与学生的比例大不相同。他们没有那么多时间来给所有的孩子一一拉拉链、系扣子，或是在体育课后帮孩子把裤子穿回去。孩子最好能力所能及地自己穿脱衣服。

下面是我给我的两个孩子所做的准备工作：

- 为了防止孩子把鞋穿反，我把贴画一剪为二，分别贴到两只鞋里，这样孩子就能分清哪只鞋给左脚穿，哪只鞋给右脚穿。
- 为了练习穿脱衣服，我给他们玩了这一章第137~139页的小游戏。
- 把要穿戴的东西在家里摆出来让孩子们去玩。你甚至可以让他们穿你的一些衣服来玩！

自己上厕所

在学校开学前的最后几个月，我建议你经常花5分钟来和孩子聊聊这件事。每次聊一点，但是经常聊，这么做通常最有效。在这当中，你要告诉孩子，他们可能需要经过大人同意才能使用厕所，大人不会帮他们擦屁股，他们还要记得自己洗手。下面这首儿歌会很有帮助，你可以用《划，划，划小船》（Row, Row, Row Your Boat）的曲调来唱。

洗，洗，洗小手

搓搓更干净

手心和手背

都要洗干净！

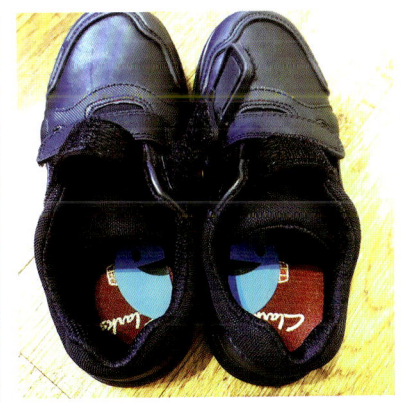

入学前的准备工作

在需要时求助

教孩子向他人求助并不是一件容易的事。如果我的孩子们在跟我做游戏,或者在学习新东西的时候遇到了困难,我就会平静地告诉他们可以找别人来帮忙,所以没必要着急。

大概过程是这样:

- 孩子想做某件事情,可是做不了。
- 你说:"接下来要怎么做呢?"
- 孩子说:"你来做。"
- 你说:"为什么不去找别人来帮忙呢?"然后,等孩子来问你。你可以说点什么来鼓励孩子,例如:"来吧,来问我。"
- 孩子说:"你能帮帮我吗?"
- 你笑着对孩子说:"当然可以。"然后提供帮助。
- 提醒孩子,如果他们能礼貌地发问,那么别人一般都会帮忙的。
- 下一次孩子遇到困难的时候,你就可以说:"那么接下来要怎么做呢?"随后孩子就会说:"去找别人来帮忙。"

当然,实际情况显然并不会这么简单!但是,你明白我的意思。我就是用这样的模板来跟孩子交流的。我希望,如果他们在学校里遇到了困难,会在心里想:"接下来要怎么做呢?"他们的小脑袋里就会自动跳出这句话:"去找别人来帮忙!"

认识自己的名字

尽管孩子会写自己的名字是一件很棒的事,但刚刚入学的孩子并不需要这么做,他们只要能认出自己的名字就能给他们在学校的生活带去极大的方便。幸运的是,这本书里的很多小游戏都能帮助孩子们做到这一点!你可以先跟孩子玩《字母狙击手》(详见第63页)。伊万入学前,我就跟他玩过这个游戏。过后,你们还可以玩玩《字母停车场》(详见第53页)。

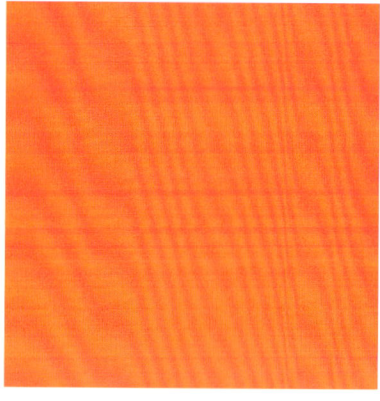

入学前玩的小游戏

4

处理分离焦虑

孩子担心或害怕上学是非常正常的事，下面这些建议或许能帮上你的忙。

- **心心相印**：在你和孩子的手心里各画一颗爱心（如果你担心爱心会被洗掉，也可以画在手腕上）。告诉孩子，只要感到害怕，他就能用手去按它，这时，这颗爱心就会给你发送一个神奇的拥抱，而你也会回复一个拥抱！坐在一起练习一番，先按下爱心，然后相互拥抱。你们可以在学校开学前几天做这件事。开学当天早上，记得在孩子的手心里画上爱心。

- **平静地谈谈：**每隔几天，陪孩子静静地待5分钟。关掉电视，移除一切干扰，跟孩子说说他将在学校里遇到的各种好玩的事。可以提提他们喜欢的事情，也可以谈谈你知道的你的孩子在学校里肯定会喜欢做的事情，例如，画画、足球、操场、家庭角，或者将和他上同一所学校的其他小朋友。让他们跟你说说他们认为自己在学校里会有什么发现。你也说说你上学的时候最喜欢什么。

- **浏览关于入学的图书和电视节目：**这方面的信息非常多！你可以去书店、图书馆找相关的书，或者上网去了解相关电视节目。

- **提前走走上学的路：**一起在开学前步行或驾车去学校。让孩子知道你们是在去学校。如果是走路去，那么就把你看到的东西指给孩子看，让孩子熟悉路上的风景。在返回的路上，你可以给孩子吃点好吃的东西，制造好的体验。一边走路，一边谈论与学校有关的事情，一边吃可口的巧克力，这样的经历能让孩子把当下的美好与学校联系在一起。

- **给予孩子高质量的陪伴：**伊万入学前一周，我把弗洛伦丝送去了托儿所一整天，全心陪伴伊万，做他喜欢的任何事情。我们去了电影院，吃了糖果，中午又去吃了比萨。一些人把专心陪伴一个孩子称作"爱心轰炸"，但当时的我其实很难过，我还记得他小时候用肉乎乎的小手抓着米饼吃的样子。**时间都去哪儿了？**

在英国，小学第一年叫"预备班"是有原因的。这一年是学校"欢迎"孩子来到学校的一年，是"适应新生活"的一年。所有人都需要借助这段时间来站稳脚跟，包括父母。因此，你要宽容自己和你家的小不点们。在开学的头几周里，你要怀着轻松的心情去接孩子放学，还要带上好吃的小零食！记住，一切才刚刚开始，往后的路还长着呢。

135

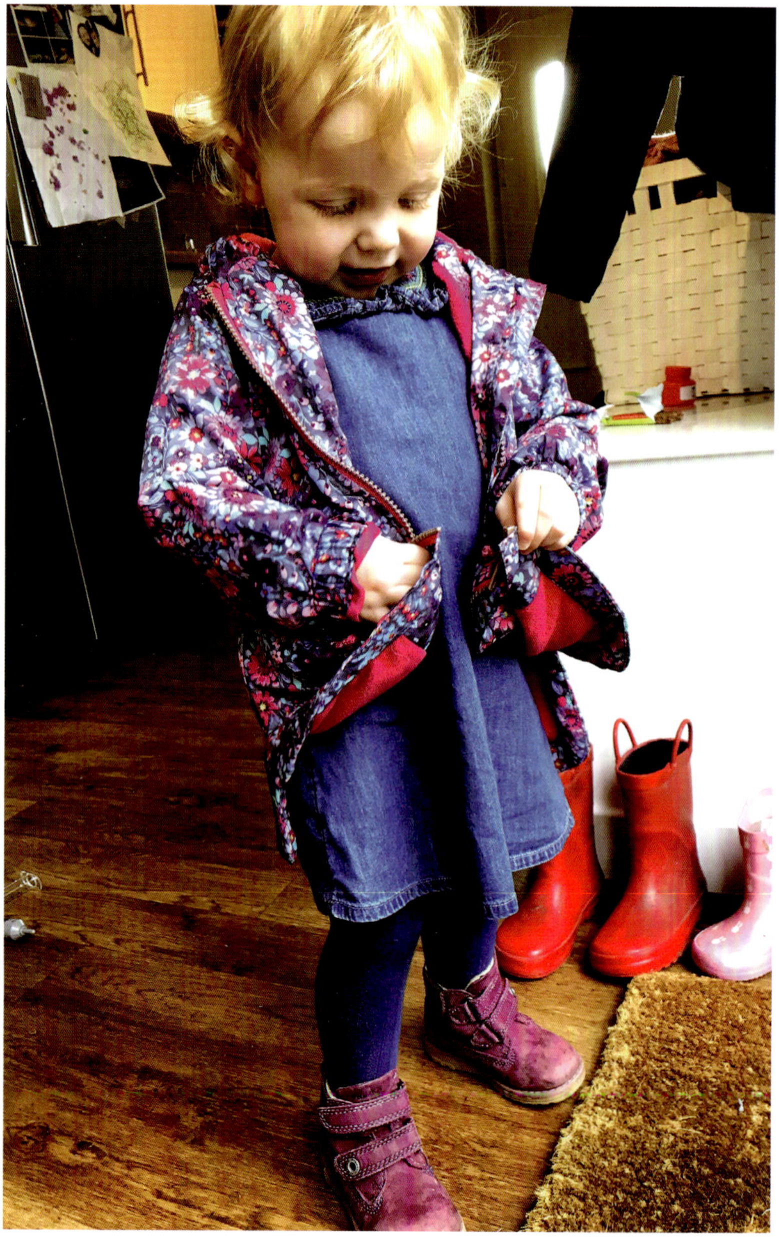

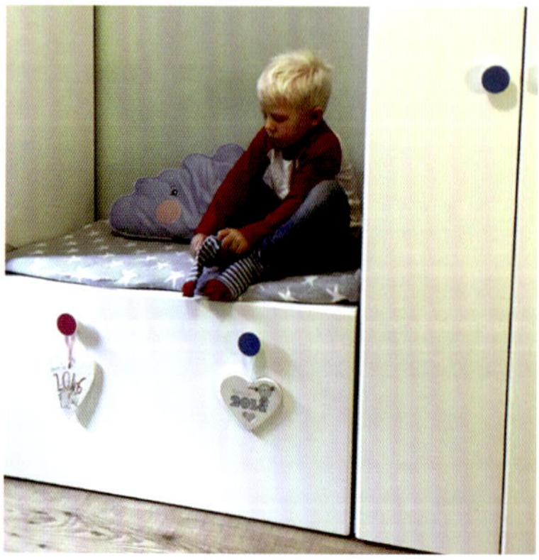

入学前玩的小游戏

穿衣游戏

弗洛伦丝最喜欢给自己穿衣服。从两岁起，如果我胆敢给她穿紧身弹力裤，她就会粗鲁地把我推开，嘴里还连连说："我自己穿！我自己穿！"可哥哥伊万却跟妹妹完全不同。我让他自己把裤子穿上的时候，他甚至还会假装自己的腿动弹不了。（我不得不转过身去，背对着他们，因为我在努力保持严肃，但又忍不住想笑。）他需要很多很多鼓励。鼓励孩子的最佳方式是什么？当然是玩了！

穿外套比赛

下面这个小游戏很适合用来帮助孩子练习穿外套，这样孩子们就不会像小狗咬自己的尾巴那样找不到第二只袖子了。

道具：

- 一件孩子的外套
- 一件你的外套

准备：

1. 把两件衣服平铺在地上。

开动：

1. 为孩子示范如何穿外套。你站在衣服领口后面，蹲下身去，向前把两只胳膊伸进袖管，接着站起来，把衣服向后翻过头顶，穿到身上。接着让孩子照你的样子做。（网上也有很多关于穿衣服的讲解视频。）
2. 孩子掌握了外套的穿法后。在地上多摆一些衣服，看看谁能把它们都穿上去，谁穿得最快？预备！开始！

如果孩子们穿起袜子来很困难,你就可以先让他们把袜子套到手上来习惯一下。

你也可以把在地上画线改成写你们的名字。

入学前玩的小游戏

袜子粉笔擦

我不知道你家的情况怎么样，反正我在洗衣服的时候常常发现有袜子配不上对。不过，有了下面的小游戏，这种配不上对的袜子就能派上用场了！

道具：

- 一支粉笔
- 每人两只旧袜子

准备：

1. 找一块能写粉笔字的地面（先试着写几个字确认一下）。
2. 用粉笔在地上画两条长长的线。
3. 把袜子放在旁边。

开动：

1. 所有人先光脚。
2. 告诉孩子，游戏规则是，用最快的速度穿上袜子，然后把自己的那条线擦掉。谁先擦完，谁就获胜！

给椅子穿衣服

小时候，我看到电视剧《憨豆先生》里有给一把椅子穿衣服的一幕。我觉得太滑稽了，所以每次上体育课换衣服的时候，我都会小心地把我的衬衫套在椅背上，然后让裙子从椅子前面耷拉下来，那样子就像是椅子穿上了我的衣服。最后，全班同学都照搬了我的做法。老师一定觉得我可爱极了！那么，为什么不让你家的宝宝们这样来玩一玩，笑一笑呢？

拿一把椅子，让他们脱下衣服，穿到椅子上，接着再让他们把衣服重新穿回去。

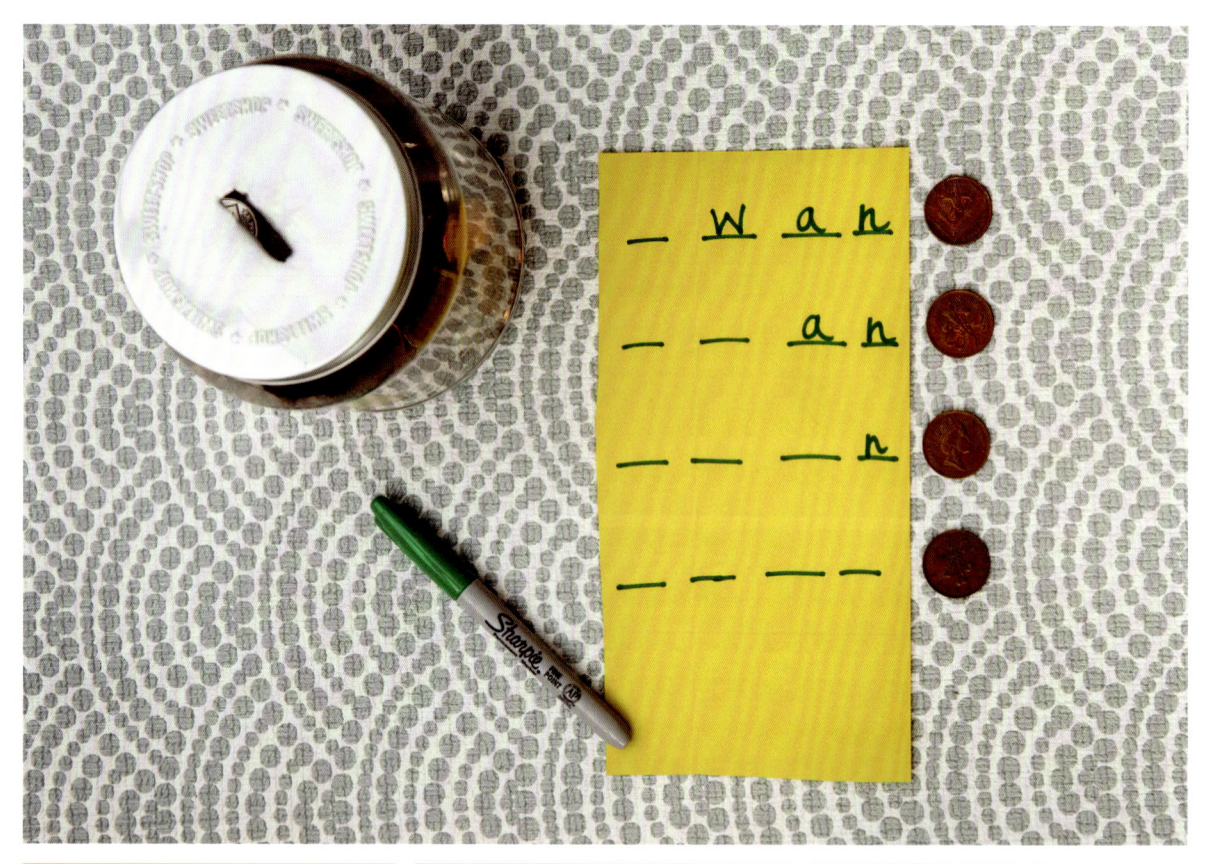

对大一些的孩子来说，这个小游戏很适合用来练习拼写。如果孩子能记得住，那么每填完一行就可以把纸向后折一次，这样他们就得记住填过的字母，而不只是照着抄写了。

你也可以把最后一枚硬币换成巧克力"金币"来款待一下孩子！

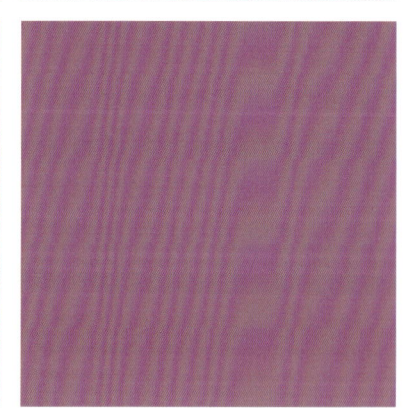

入学前玩的小游戏

4+

写名字赢硬币

我第一次给伊万玩这个小游戏的时候，效果并不怎么好。他觉得很困难，接着很快就变得烦躁不安起来。我说过，如果孩子不喜欢玩，那就先不玩！不过，我还是喜欢换个时间再尝试一番，也许孩子那时心情会不一样，或者又长大了一些。我们这些做父母的也是这样，有时会觉得心里有点烦，有时又会兴致满满！

道具：

- 一支笔、几张纸
- 几枚硬币（孩子名字里有几个字母，就准备几枚硬币）
- 一个存钱罐（如果没有，找个纸盒，在上面开个能放进硬币的小口也可以）

准备：

1. 用笔把孩子的名字写在一张纸的最上面。根据孩子的能力，你可以只写他们的姓，也可以写他们的全名。接着在每一个字母下面画一条线。
2. 另起一行，把孩子的名字再写一遍，但是，这次要空出一个字母，接着仍旧在每个字母的下面画一条线，包括空出的字母。
3. 重复上面的步骤，每行都多空出一个字母，直到空出所有字母，只剩下面的横线。
4. 从空出字母的第一行起，每行末尾放一枚硬币（孩子的名字里有几个字母，就应该有几行）。

开动：

1. 告诉孩子，他们要把每一行里的名字填写完整，从只空缺一个字母的那行开始。
2. 每填写完整一个名字，他们就可以把名字末尾的那枚硬币投入存钱罐。
3. 等到所有硬币都投入存钱罐后，他们就已经完整地写出了自己的名字。

我们有很多种有趣的方式来让孩子们为小玩具和字母配对,要不要来一场《寻宝大作战》(详见第61页)?

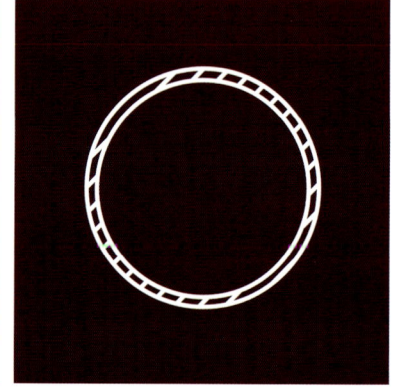

142

入学前玩的小游戏

两个圈

孩子学习拼读（看着字母或单词来发音）的第一步是能够辨别声音。（如果你在想拼读是什么鬼？那就翻到第172页。）不过，在学习字母的发音之前，孩子也可以先练习听其他声音，比如，割草机的轰鸣声、自行车铃的叮当声、动物的叫声，或者晚上7点孩子卧室门关上的吱嘎声。孩子习惯了听更常见的声音，有助于他们听到自己发出的声音。孩子们学会字母的发音是一大进步，但是，他们能在单词里听出那些声音吗？让我们玩个小游戏来寻找答案！

道具：

- 两个大呼啦圈或一个小容器或盆（如果你们不用呼啦圈的话）
- 5个小玩具或小物件
- 5个塑料字母或磁力字母（分别是5个小玩具或小物件的首字母），如果你没有，也可以把字母写到纸上，再用剪刀剪开

准备：

1. 把两个呼啦圈摆在地上，相互交叉出一片椭圆形区域。如果没有呼啦圈，那就放一个小容器在地上。
2. 把玩具或小物件放进一个呼啦圈里，或者把它分别放在小容器的一边。
3. 把字母放进另一个呼啦圈，或者放在小容器的另一边。

开动：

1. 让孩子们挑选一个小玩具或字母，大声读出它的发音，然后找到与它相匹配的字母或小玩具。例如，如果他们选了一辆玩具火车，他们就要找到与它相匹配的字母T。反过来也一样。
2. 如果找对了，他们就可以把小玩具和字母放进中间的椭圆形区域，或者放进小容器里。
3. 如果他们找不到对应的小玩具或字母，那就和他们一起把所有东西过一遍，例如，对于玩具火车，你就可以对孩子说："你能听到火车的发音里有一个T吗？"随即着重读出这个字母的读音，让他们回答"能"或者"不能"。
4. 5次配对都完成后，换不同的小玩具和字母再玩一遍。

没有骰子时，你可以用纸板和一支铅笔自制一个数字陀螺来代替骰子（详见第59页）。或者在几张纸上画上点数，放进一顶帽子里，让孩子从里面抽。

没用的钥匙不要扔掉！它们很适合用来玩这样的小游戏，而且钥匙本身也可以当玩具来玩。

入学前玩的小游戏

打开密码锁

4+

这个小游戏很可能是我的博客里人气最高的那个，因为它有个酷酷的名字，还能让孩子们的想象力纵横驰骋——做游戏嘛，就应该这样。而且，这个小游戏还能让孩子们在不知不觉中练习写数字。不过，这个小游戏需要准备的材料比较多。和往常一样，我希望你家里已经有这些东西了。

道具：

- 一个孩子喜欢的小玩具，我们用的是一只玩具恐龙！
- 一个小篮子或小箱子
- 橡皮泥或蓝丁胶
- 3把不同形状的钥匙
- 一支铅笔、几张纸
- 一个骰子

准备：

1. 把小玩具放进扣着的小篮子或小箱子里。
2. 用橡皮泥或蓝丁胶做成3个小球。把3把钥匙分别压到3个小球上，压出印痕。然后取下钥匙，把带有印痕的橡皮泥或蓝丁胶放在小篮子或小箱子上面。
3. 用铅笔在3张纸的上方分别描出3把钥匙的轮廓，每把钥匙的轮廓下面再画3个方格。
4. 把骰子放在小篮子或小箱子旁边。
5. 最后把钥匙藏在房间的不同角落。

开动：

1. 告诉孩子们，他们的玩具被关进了一个"铁笼"，需要他们去解救。要想解救玩具，他们必须找到"铁笼"上的3把钥匙，而钥匙就藏在房间的某个角落。
2. 找到一把钥匙后，孩子们接着要去比对3张纸上不同钥匙的轮廓，找出与这把钥匙相匹配的纸。
3. 接下来，他们要掷3次骰子，得到一组密码，才能打开"铁笼"。让孩子把得到的密码填到纸上的空格里。
4. 填好后，他们就可以把这把钥匙放回到相匹配的橡皮泥或蓝丁胶上面了。
5. 重复上面的步骤，让3把钥匙全部就位。
6. 这时，孩子们就能打开"铁笼"，把玩具"救"出来了。在这一过程当中，他们不仅写下了9个数字，还享受了其中的快乐。

146

入学前玩的小游戏

3+

寄信与送信

多年来，动画片《邮递员派特叔叔》（Postman Pat）里的主人公深受孩子们喜爱。考虑到他一开始笨手笨脚的样子，这实在是个了不起的成绩！不过认真地说，今天的孩子们之所以仍旧喜欢他，是因为把信和包裹塞进邮筒，看着它们消失足以让小孩子们开怀大笑。可是，要是他们看见信从门缝里塞进来呢？接下来家里就会乱套！我也不理解他们为什么会这样。不过也没必要理解，我们只需借助这种传统的形式来享受其中的快乐就好了。

给自己寄封信

道具：

- 几支铅笔、几张纸
- 几个信封
- 几张邮票

准备：

1. 把铅笔和纸放在显眼的地方。
2. 把信封和邮票放在旁边。

开动：

1. 告诉孩子，你们要给他们最喜欢的玩具寄一封信。让他们画一幅画，或者做一张卡片。在这当中，他们可以练习写自己的名字，如果他们喜欢的话，随便涂涂抹抹也是很好的！
2. 趁孩子们画画或做卡片的时候，你也给孩子写一张卡片或一封信。
3. 把你们的卡片或画好的画塞进信封，在信封上写上你家的地址，再贴上邮票。
4. 到离你家最近的邮筒或邮局，把信寄出去。等到邮递员把信送来的时候，孩子们会高兴得蹦个不停！

148

入学前玩的小游戏

2+

小小邮递员

道具：

- 几只毛绒动物
- 一个大纸箱
- 一把剪刀
- 一些生日贺卡或圣诞贺卡
- 几支笔、几张纸、几个信封（没有这些东西也没关系）
- 一个用作"邮包"的袋子

准备：

1. 把毛绒动物放在房间里的不同地方。
2. 在大纸箱的侧面，仿照邮筒的样子划开一个长方形的口子。
3. 把所有的卡片纸、笔和信封（如果有的话）放在地上（如果用到的话）。
4. 把"邮包"放在旁边。

开动：

1. 让孩子们把所有的卡片塞进邮筒。如果他们愿意，你也可以让他们用纸、笔和信封制作自己的卡片，在上面写点和画点什么。
2. 让孩子们清空"邮筒"，把所有的信装进"邮包"。
3. 最后，让孩子们把信送到家里不同的毛绒动物那里。

对于小一些的孩子，你可以看看他们能否按照正确的顺序给"怪兽"喂组成他们名字的字母。

对于大一些的孩子，你可以用这种方式来让他们练习拼写或不符合英文发音规律的不规则单词。

入学前玩的小游戏

字母怪兽

这个小游戏玩起来很方便，因为它的玩法非常灵活。我跟伊万是用下面的方式玩的。当时他4岁半，已经上学。不过你可以拿它给更小的孩子来玩，以此来帮他们认识字母。当然，你也可以给更大的孩子来玩，帮他们练习拼读。如果你愿意，你可以借助怪兽的角色大展神威。将学校戏剧课老师教给你的压箱底的技能都拿出来！闪开，孩子们！

道具：

- 一个装鸡蛋的盒子或者一个盒盖与盒身一体的盒子
- 几个背胶活动眼睛（没有也没关系）
- 5个玩具或家里的小物件
- 一支笔、几张纸
- 一把剪刀

准备：

1. 把背胶活动眼睛粘到纸盒的盒盖上，做成"怪兽"。如果你家没有这种眼睛，那就用笔在纸上画两只眼睛或者直接画在盒盖上。如果你喜欢，你也可以画条舌头贴上去。
2. 把玩具或小物件放在怪兽蛋盒旁边。例如，我跟伊万玩这个小游戏的时候，我用的是一把勺子、一本书、一个泰迪玩偶、一辆玩具汽车和一支铅笔。
3. 把代表每个玩具或小物件的字母写到纸上，再用剪刀剪开。例如，我当时用字母S代表勺子（Spoon），用字母B代表书（Book）。
4. 再在纸上写几个你想让孩子认识的其他字母，用剪刀剪开。例如，我当时写了拼读训练第二阶段的字母和字母组合（关于拼读的详细信息见第172页）。
5. 把写了字母和其他内容的小纸片放在"怪兽"和玩具旁边，等待孩子们来发现。

开动：

1. 告诉你的孩子们，"怪兽"想吃他找到的与玩具或小物件相匹配的字母。问他们："你们能把字母喂给怪兽吃吗？"
2. 让孩子们说出某个玩具或小物件的名字，然后找到与它相匹配的字母。如果孩子找对了，那么就可以让"怪兽"张开嘴巴，同时假装怪兽在咀嚼这个字母，边吃边说："好吃！好吃！"
3. 与玩具或小物件匹配的字母都被"怪兽"吃光后，用剩余的字母给它起个名字。（不需要把所有字母都用上，伊万的"怪兽"名叫"MADINGO"。）
4. 把"怪兽"的名字喂给它吃。然后，"怪兽"吃得太撑了，它打了一个饱嗝儿，把所有的字母都吐到了孩子的脑袋上！
5. 再玩一遍！看看他们能否给其他字母找到更多对应的物件。他们能给"怪兽"换一个名字吗？

让孩子轮换着当顾客和收银员，这个小游戏很适合用来帮助孩子学认数字和学习数数。

对于大一些的孩子，你可以把价格标签里的数字写得复杂一些，接着再让他们数出正确数量的硬币。

入学前玩的小游戏

小商店

在我小时候，住在我们街上的另一个孩子有一个玩具糖果店。小店里有小小的罐子，里面装着我们最爱吃的各种迷你糖果。小店里还有几台小小的秤、一个收银台和许多纸袋。我打心底里认为它是我见过的最不可思议、最漂亮的东西。我觉得，即便你把它拿给今天的孩子们，他们的想法也会跟我一样。有些东西是不会过时的，例如，玩买卖东西的游戏，我家的两个孩子都很喜欢玩。我也喜欢偷偷地让他们在玩的时候认认数字。这样一来，我扮演《小猪佩奇》中的小兔瑞贝卡的这5分钟花得就更值了！

道具：

- 几支笔
- 5张便利贴或带有蓝丁胶的小纸片
- 5个小物件
- 一些硬币，或者用别的东西来充当硬币
- 一个小钱包或小提包
- 一个玩具收银台，或者用一个小箱子或小容器来代替
- 几个购物袋（没有也没关系）

准备：

1. 在5张便利贴或带有蓝丁胶的小纸片上分别写上一个数字，再把它们分别贴到5个小物件上，充当"价格标签"。
2. 把所有硬币装进小钱包或小提包。
3. 把所有的东西以及收银台布置成小商店的样子，然后等待孩子们来发现。

开动：

1. 对孩子们说："欢迎来到我的商店！你们想买些什么呢？"然后告诉孩子，他们要挑选一件商品，然后给收银员付硬币。不能多付，也不能少付。
2. 孩子们选好商品后，教给他们如何看"价格标签"。必要时，帮助他们弄懂上面的数字。
3. 让孩子们数出足够的硬币递到你手里。硬币拿到手后，你再检查一遍，把硬币一枚一枚地放进收款台，同时大声数出硬币的数量。这么做有助于加深孩子们对数字和数数过程的印象。
4. 如果你准备了购物袋，那就把孩子们挑好的东西装进去递给他们，然后说："再见！欢迎你下次再来！"（这里的"下次"指的是"10秒钟后"。）

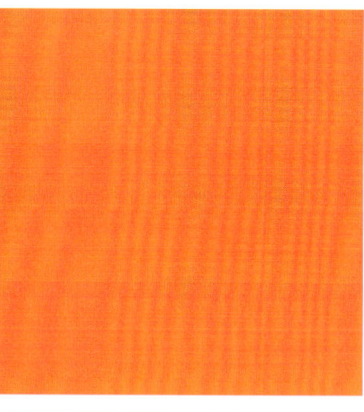

带孩子玩耍的同时，你也可以用剪刀剪一些字母下来，用它们拼出一封匿名信来给你的伴侣，例如，"我知道最后一块巧克力是你吃的！"很有用！

入学前玩的小游戏

垃圾广告大搜索

我不知道你家的情况是什么样，但是，我家依然能收到一些垃圾广告，有报纸、杂志，甚至电话目录。我们这些爱上网的人可能会把这些东西直接扔进垃圾桶。不过，慢着！我们不如先拿它们来找点乐子！我还记得，那一年我坐在祖母怀里，她在看报纸。她给我看一个单词"the"，然后问我还能在报纸里找到多少个"the"。当我找到另一个"the"后，我感到无比自豪！这是我记忆中的第一次阅读，而我也想让更多的孩子们体会那份自豪。

道具：

- 一本垃圾广告
- 几支笔（最好是荧光笔）、几张纸
- 一把儿童剪刀
- 一根胶棒

准备：

1. 用笔在垃圾广告里圈出一些东西，或者把它们涂亮。
2. 把垃圾广告打开，放在桌子上。其他东西放在旁边。

开动：

1. 跟孩子们玩一个找字母游戏。孩子们能在垃圾广告里找到他们名字里的所有字母，并且把它们标亮或圈出来吗？
2. 让孩子们寻找特定的字母。他们能找到多少个？你甚至可以做一份统计表。
3. 让孩子们找到大一些的字母，然后用剪刀把它们剪下来，再用胶棒粘到另一张纸上去。这是让孩子锻炼使用剪刀能力的好方法，这一技能对于刚上学的孩子来说非常有用。
4. 如果孩子在学习不规则单词和拼写，你就可以让他们剪一些字母来拼出单词。

对于小一些的孩子,你可以先摆5张牌,从1摆到5。

入学前玩的小游戏

3+

数字小偷

大多数家庭都有扑克牌。它们藏在家里的某个角落，或者放杂物的抽屉里。扑克牌上面有数字（这显而易见），所以，我必须想出一个小游戏来利用这些数字。然后，我回忆起了我在幼儿园做助教时跟班上的孩子们玩过的一个小游戏。那个游戏是米林顿女士教我的，非常适合用来教孩子学认数字，熟悉数字的顺序和数数。那时伊万3岁，我给他玩这个游戏的时候，他跟我幼儿园班上的那些孩子玩得一样高兴！

道具：

- 一副扑克牌（如果没有，就用纸画几张）
- 橡皮泥或蓝丁胶（没有也没关系）
- 一只毛绒动物

准备：

1. 取出扑克牌，按顺序从1到10摆成一排。
2. 如果你愿意，你可以把扑克牌竖着插到橡皮泥或蓝丁胶上，让纸牌立起来。
3. 把毛绒动物摆在旁边。

开动：

1. 告诉孩子们，那只毛绒动物会偷走一个数字。它是个淘气的数字小偷！
2. 让孩子们闭上眼睛，然后把一张牌拿走，正面朝里贴在毛绒动物身上，这样孩子们就看不到上面的数字了。
3. 告诉孩子可以睁开眼睛了。让他们告诉你少了哪张牌。为他们示范如何从1开始向后数，以此来确定丢掉的是哪张牌。
4. 重复上面的步骤，毛绒动物每次都要偷走一张不同数字的牌。
5. 玩过几次后，让孩子来扮演偷数字的淘气鬼。你也可以一次拿走两张或三张牌。

157

不用说，在游戏过程当中，大人要全程提供帮助和看护！

入学前玩的小游戏

这是谁干的

对孩子们的小手指来说，使用剪刀是一件非常困难的事。如果你拿一把剪刀在手上，你就会知道使用剪刀时的手部动作有多么复杂，更不用说教一个孩子来用剪刀了！我们自己是如何学会使用剪刀的？这件事已经没人能说得清了。不过不用担心，孩子们最终都会学会的。下面这个小游戏能让孩子们在欢笑中练习使用剪刀。而且，我们都喜欢去解开谜团。那么，下面的坏事到底是谁干的呢？

道具：

- 一支笔、几张纸
- 5个不同形状的玩具
- 几个垫子或一个容器（没有也没关系）
- 一把儿童剪刀

准备：

1. 用许多小点描出所有玩具的边缘。小点的数量应该是孩子能够数得出的。例如，如果孩子能数到5，那么就描5个点，中间用笔轻轻地连起来。
2. 把所有的玩具藏在房间里的不同地方。
3. 用几个垫子摆出一座"牢房"，或者拿一个容器当"牢房"（如果用得着的话）。
4. 把儿童剪刀放在旁边。

开动：

1. 告诉孩子们，他们有5个玩具特别淘气，已经逃跑了——如果你愿意，可以说它们还偷了一些糖果。他们需要找到这些淘气的玩具，把它们关进"牢房"。（孩子们很喜欢训斥他们的玩具！）
2. 告诉孩子们，那些玩具留下了一些有助于解开谜团的线索，他们可以根据线索找到它们。孩子们能把那些小点连接在一起吗？连接好后，他们还需要用剪刀把完整的图形剪下来当线索用。
3. 接下来，他们需要根据线索猜测5个玩具都是什么，然后找到它们。如果找到的玩具与线索匹配，那么就能确定它是罪犯！接着就要被关进"牢房"。接下来，再去搜捕它的同伙！

对于小一些的孩子，如果教他们学认字母还太早，那就可以任由他们在沙子托盘里自由探索！

入学前玩的小游戏

挖字母

有时候，我的朋友们会向我求助。他们告诉我，他们家里的小家伙们不是想玩这个，就是想玩那个，就是不想去认识他们名字里的那些字母。"我该怎么办呢？"朋友们问我。我的回答是："那就让他们想玩什么就玩什么好了，只要把字母的元素添加进去就行。"一次，有个孩子喜欢干的事情是挖土！挖土！还是挖土！于是，我就建议拿字母给他挖。当然，你的孩子或许还没有对下面这个游戏当中的字母元素产生兴趣，如果事实就是如此，那也不必担心，只要继续玩下去就好。相信我，他们会在不知不觉中慢慢"上钩"的！

道具：

- 两张纸
- 一支笔
- 一把剪刀
- 一个大托盘
- 玩具沙子等孩子可以挖着玩的东西，例如，小扁豆、燕麦片
- 挖掘玩具

准备：

1. 在两张纸上各画 6 个空的大方格。在其中一张纸的大方格里写上字母，然后用剪刀剪开。另一张纸的大方格空着，每个大方格旁边画一个小方框。
2. 把剪下来的字母放进大托盘。
3. 用沙子盖住字母，把挖掘工具放在上面。
4. 把笔和 6 个大方格为空的那张纸放在托盘旁边。

开动：

1. 告诉孩子们，有几个字母藏在沙子下面，他们得用挖掘工具来把它们挖出来！
2. 每找到一个字母，他们就要把那个字母写到空的大方格里，然后在小方框里打钩。
3. 找到所有 6 个字母后，让孩子们把字母重新埋到沙子下面，由你来挖。或者给他们吃一块巧克力饼干，然后任由他们快乐地玩沙子，我就是这样做的！

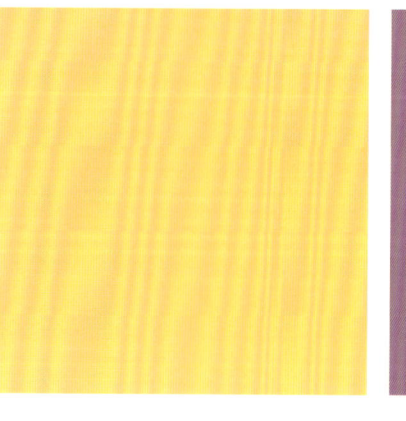

你可以根据孩子们的喜好来安排游戏情节，也许埋藏"宝藏"的是个厚脸皮的仙子，让人讨厌的恶魔，或是某个淘气的女巫？

入学前玩的小游戏

海盗的寻宝图

"帮帮我！轮到我组织几个家庭的孩子们一起玩游戏了（又叫游戏约会），我们该玩些什么呢？"我经常被问到这样的问题。我很幸运，因为很多朋友的孩子正好跟我的两个孩子同龄，所以，他们遇到后总是互相追逐打闹。我们这些父母通常都会躲在沙发上喝茶，而任由孩子们慢慢糟蹋家里的每一个房间。不过有时候，我也喜欢给他们玩一个5分钟小游戏，让他们消停一会儿——我也算是做了自己的贡献。在一个阳光灿烂的大热天，伊万和弗洛伦丝最好的朋友路易斯和奥利来家里玩。4个孩子发现，海盗居然在家里埋了宝藏……

道具：

- 每人一支笔、一张纸
- 一些"宝藏"，例如，硬币（真的硬币或巧克力"金币"）、扣子或项链
- 5个塑料字母或磁力字母，或者把字母写在一张纸上，再用剪刀剪开

准备：

1. 为每个孩子粗略地画一张你家或院子的地图。
2. 把字母藏到不同的地方。把硬币藏到一个地方，例如，埋到沙坑里，扣到水桶下面，或是藏到枕头底下。这些硬币就是"宝藏"。
3. 在地图上，用带圈的数字标出各个字母的位置，用"X"标出"宝藏"的位置。
4. 把所有地图卷成一个纸卷，外面写上孩子们的名字，放在家门口，看着就像邮递员刚刚送来的样子。

开动：

1. 在孩子们快把你逼疯的时候，问他们有没有听到门口有邮件到达的声音。
2. 孩子们发现门口的地图后，你要装出吃惊的表情，然后告诉他们，这些地图是一个海盗寄来的。你可以这样说："那个海盗在我们家里埋了一些宝藏。你们的任务是按照地图找到所有的字母，把它们写下来。如果写对了，你们就能找到埋藏的宝藏！"
3. 先帮孩子们弄清楚从哪里开始找，接着再让他们按图索骥。找到字母后，别忘了把字母写下来。
4. 找到第5个字母后，孩子们就能找到"宝藏"了。如果他们也跟当时的4个孩子一样，那就一定会高兴得又叫又跳！而且，他们还练习着写下了5个字母呢！太棒啦！

对于大一些的孩子，你可以增加数字的难度，例如，乘法口诀表里的数字。你还可以让孩子倒着数数，或者以2、5、10为单位计数。

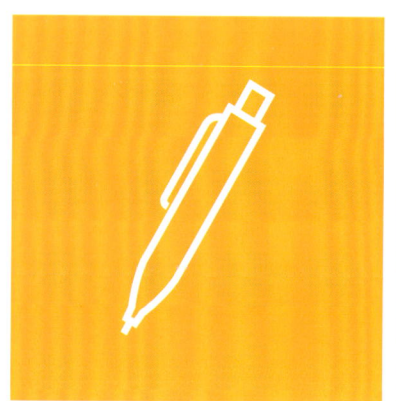

你也可以用大号数字、细绳和蓝丁胶来玩大号版的数字蜘蛛网游戏。可以让孩子们来扮演蜘蛛！

入学前玩的小游戏

数字蜘蛛网

这个小游戏超级简单（我最喜欢的类型）。还能让孩子在不知不觉间认几个数字。我最喜欢这类小游戏了，因为我坐在沙发上实在不想动弹。这个游戏的点子也来得十分突然。那天，我刚刚在本子上列完那些永远都做不完的各种事情，3岁的伊万就摇摇晃晃地走了过来，问我在做什么。我问他："你想来帮我画一张蜘蛛网吗？"他说："想。"

道具：

- 一支笔、几张纸

准备：

1. 将连续的数字东一个西一个地随机写到纸上，然后把数字圈起来。我给伊万写的是1到20。你可以在小家伙能力所及的范围内写任意数量的数字。
2. 把写了数字的纸放到显眼的地方，等待孩子们去发现。

开动：

1. 问你的孩子们想不想画一张蜘蛛网。如果他们说想，你就把写好了数字的纸拿给他们看，让他们找到最小的数字。
2. 等他们找到1后，问他们："1后面是几呀？"如果他们回答是2，那就在1和2之间画一条线，把它们连接起来。
3. 孩子们能找到下一个数字吗？在画线的时候，你要让这个过程显出一些难度和趣味性。如果他们说不出下一个数字是什么，那么就倒回去，从头开始数。
4. 当你们画好蜘蛛网后，再写一页数字，把笔交给孩子们，这次轮到他们来画蜘蛛网了！

如果想延长游戏的时间，那就把"鸡蛋"藏在家里的不同地方。

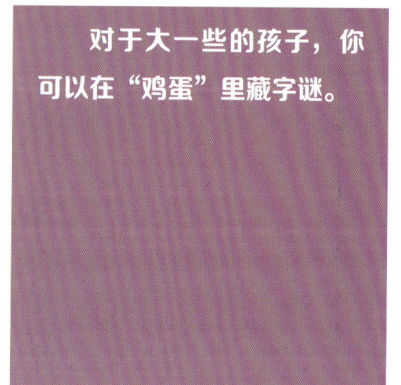

对于大一些的孩子，你可以在"鸡蛋"里藏字谜。

入学前玩的小游戏

砸金蛋

不知是什么原因,我认识的所有孩子似乎都喜欢看砸鸡蛋的视频!那么,为什么不把这个点子设计成小游戏呢?下面这个小游戏可以用来帮助孩子学习各种东西:数字、字母、形状和颜色(对于小一些的孩子),或者拼写(对于大一些的孩子)。

道具:

- 一支笔
- 5张小纸片
- 橡皮泥
- 铝箔
- 一个蛋杯(蛋托)
- 一把小勺

准备:

1. 在每张小纸片上写下你想让孩子们学习的内容。当我为伊万设计这个游戏时,我写的是拼读训练第二阶段的字母或字母组合(关于拼读的详细信息见第172页)。
2. 把小纸片折叠得尽可能小,藏进捏成鸡蛋形状的橡皮泥里,一共做5个"鸡蛋"。
3. 把5个"鸡蛋"分别用铝箔包起来。
4. 拿一个"鸡蛋"放到蛋杯上,把小勺和其他鸡蛋放在旁边。

开动:

1. 告诉孩子们,每个鸡蛋里都藏着秘密。
2. 让孩子们把蛋杯上的"鸡蛋"取下来,剥开铝箔,然后用小勺把"鸡蛋""砸"开。
3. "鸡蛋"里有什么?孩子们认识小纸片上面的字吗?跟孩子们一起大声念出来吧。
4. 重复上面的步骤,"砸"开所有"鸡蛋"。
5. 孩子们能为你做几个"鸡蛋"吗?小纸片上的内容也由他们来写(字母、图形或数字都可以)。你该干什么干什么,让他们摆弄吧。

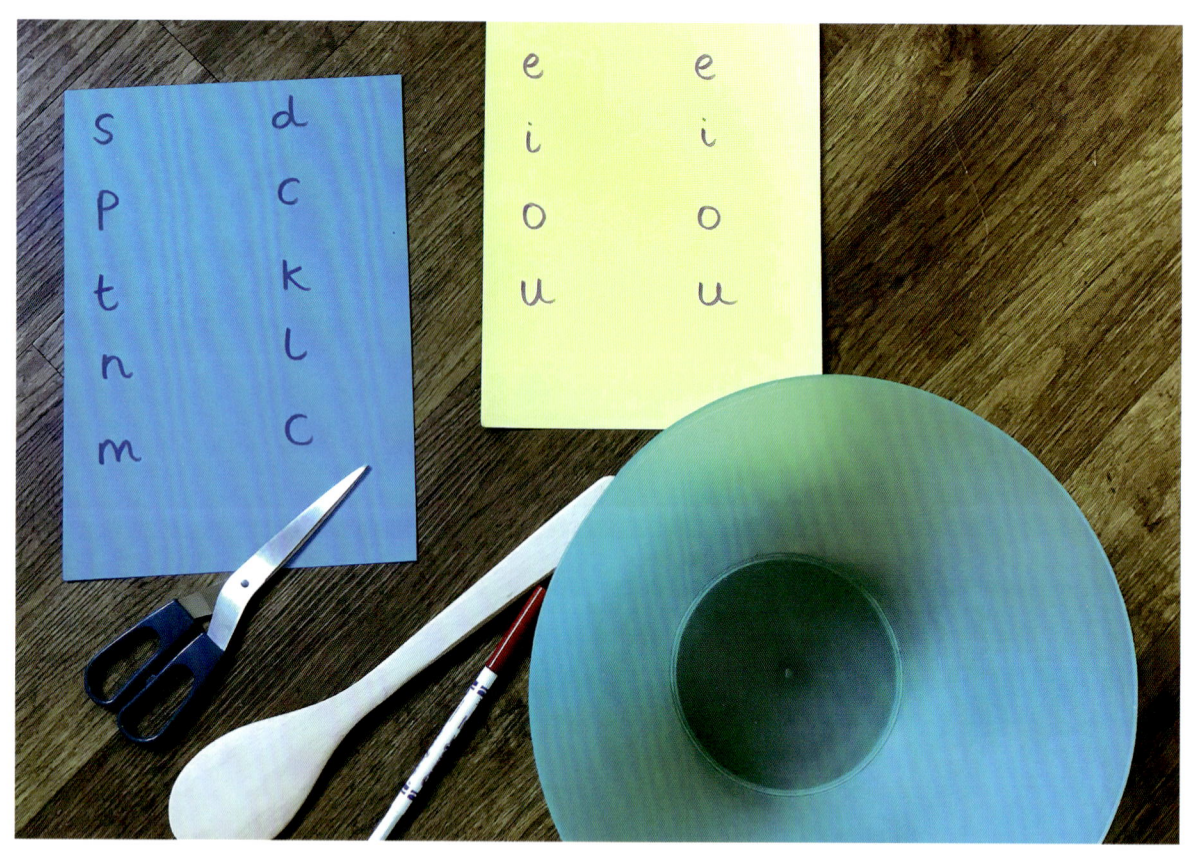

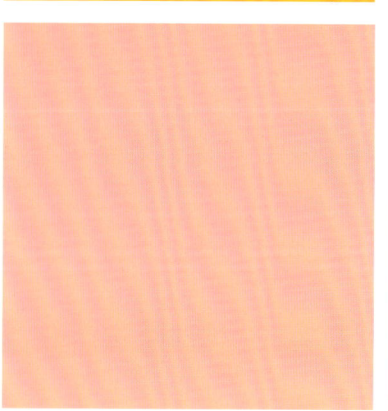

用自然拼读法时，无意义的单词对学习发音很有帮助！（详细原图见第173页）

你们很可能会拼出不文明的单词，这时只要像平常那样把它们念出来就可以了，然后把它们归类为怪怪词。

入学前玩的小游戏

怪怪汤

4+

abc

这是一个孩子们在教室里玩的经典游戏！我觉得我在告诉你一个老师才知道的秘密，因为我工作过的所有学校都玩它或者类似的游戏。我们常常把这类游戏叫作拼读游戏（详见第173页），或者阅读。一开始，一些孩子很难把单个字母的读音组合成单词的读音。例如，他们在书上看到d-o-g（狗）一词，虽然他们或许能读对其中每一个字母的读音，但他们却会把整个单词读成mum（妈妈）。这足够你大跌眼镜了。所以，不妨放下书本，先跟孩子来玩玩这个小游戏吧。

道具：

- 两张不同颜色的彩纸
- 一支笔
- 一把剪刀
- 一个大碗
- 一把木勺

准备：

1. 在第一张彩纸上写10个辅音字母。
2. 在第二张不同颜色的彩纸上写上所有的元音字母。
3. 把所有的字母单独剪下来，折成小块放进碗里。把木勺摆在旁边。

开动：

1. 告诉孩子，你们要熬一锅怪怪汤，你可以这样说："我们来看看到底能有多怪！"
2. 让孩子一边拿木勺在碗里搅拌，一边唱："怪怪汤，怪怪汤，我们要熬一锅怪怪汤！"然后用木勺从"汤"里舀三次，第一次舀出一个辅音字母，第二次舀出一个元音字母，第三次再舀出一个辅音字母。
3. 让孩子把纸打开。这将是一个三个字母组成的单词，在拼读中叫作CVC（辅音-元音-辅音）。
4. 让孩子们读出单词的读音。这个单词真的存在吗？它是不是有点怪怪的？

169

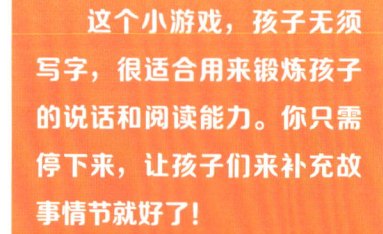

这个小游戏，孩子无须写字，很适合用来锻炼孩子的说话和阅读能力。你只需停下来，让孩子们来补充故事情节就好了！

入学前玩的小游戏

讲故事，写单词

你的孩子要求你给他讲故事吗？我的祖母有一肚子关于一个想象中的鼹鼠的地下世界的故事。在回家路上，我们一边跳过那些鼹鼠堆出的土丘，一边听她给我们讲。现在，她（"疯狂奶奶"，我的孩子们这样叫她）又在给我的两个孩子讲精灵和鼹鼠的故事了。他们跟我当年一样听得津津有味，而我也想到了一个把阅读训练加入其中的好点子！

道具：

- 可以用来写字的工具，例如，白板、黑板、磁力画板、粉笔和墙，以及纸和笔
- 你们的想象力！

准备：

1. 把写字工具放在你身边。

开动：

1. 问你的孩子们想不想听你讲个故事。讲的时候，遇到一个由辅音-元音-辅音组成的单词（或简单的单词）就停下来，不要把它讲出来，而是写出来，接着再继续讲。你也可以让孩子们参与进来，让他们来补充故事情节。例如：

   你："一天早晨，我从床上起来，从……里拿了一些燕麦。"这时写下"盒子"（BOX）。

   你："接着，我穿上裤子和……"这时写下"上衣"（TOP）。

   你："接着，我去了……"这时写下"公园"（PARK）。继续说："带着我的毛茸茸的可爱的……"这时写下"狗"（DOG）。

   你："突然，我看见了一个……"这一次，让孩子们来补充后面的内容。我的孩子说的是"鬼！"

   你："鬼大声喊……"这时写下"哇！"（BOO）。

   你："吓得狗拉了一泡……"这时写下"屎"（POO）。

   你："鬼说：'真恶心！'然后就飞走了。"这时写下"完"（THE END）。

171

什么是拼读

或许你是一个小孩子的父母，并且自然而然地认为你的孩子会像你小时候那样，从Annie、Apple以及Clever Cat开始学会阅读。（这里有"80后""90后"吗？）可你却听到一个词——拼读！幼儿园的老师跟你家的3岁孩子说："我们要学拼读了。"那么我几乎可以确定，你的心里会升起一个大大的问号："拼读是什么玩意儿？"由于害怕打击老师的积极性，你不想当面承认这一点。于是你只是笑笑，点头，然后回家，心里却隐隐地有些恐慌。

但是，不要恐慌，我用5分钟就能把这件事讲清楚（其实5分钟也太久，因为它的确非常简单！）。我在我的油管（YouTube）频道里做过几期关于拼读的短视频，你也可以到那里去看。

去掉造成混乱的"UH"

谈到阅读的学习，幼儿园和学校已经不再从ABC开始教，而是教字母的发音，这正是"拼读（phonics）"的意思所在（"phon"在希腊语里是"声音"的意思）。这样一来，孩子们就能非常方便地把他们看到的字母与字母在单词里的实际发音联系在一起了。

所以，孩子们不再把"s"读作"suh"或"ess"，而是读作"sssssss"（就像蛇发出的咝咝声）。这样一来，遇到单词"sit"时，他们就能读出正确的发音"sssssss-i-t"，而非错误的发音"suh-i-t"。如果把这个错误发音转换为单词，那就应该是"suhit"，可是这个词根本不存在！我在视频里举的例子是"mop"。如果孩子们把"m"读成"mur"，把"p"读成"puh"，那么他们见到"mop"时就会读成"muhopuh"。同样地，这个词也不存在！而在拼读里，"m"读作长音"mmmm"，而"p"读作非常轻柔的短音"p"，像是泡泡破了的声音。这时，孩子们就会把"mop"读成"mmmm-o-p"，这样就好多了。

拼读能让孩子们直接把字母的实际发音拼成单词的发音，从而早日学会阅读。因为他们一边组合每个字母的实际发音，一边也能听到自己读出的单词，这样一来，他们就能找到线索，把眼下读出的单词与记忆中听过的单词联系起来。所以，学习拼读的第一步只是玩听力游戏。

我们开始吧

拼读训练的听力游戏属于拼读训练的第一阶段。全过程有6个阶段。在这一过程当中，孩子们会按照比我聪明得多的人设计的特定顺序逐步（好几周）掌握越来越多的字母发音。

第一阶段完成后，孩子们首先要学习的是以下这些字母的发音：

SATPIN

如果你打算在家教孩子学习这些内容的话，你就能与幼儿园和小学的做法保持一致了。不过，我一直觉得小孩子们都很关注自己，所以，在让孩子们通过玩游戏来学认字母的时候，我一般都会从孩子名字里的那些字母玩起。我们一开始玩的游戏有《字母狙击手》（详见第63页）和《字母跑道》（详见第75页）。

有人提到过双字母组合吗？

学过单个字母的发音（第二阶段）后，孩子们就要进一步去学习**双字母组合**（digraphs）在单词里的发音了。那些成对出现的字母，叫作双字母组合。（因为我们都喜欢一个让我们看不懂的科技技术语，不是吗？）

一开始，双字母组合学起来很简单。例如，孩子们会学到，只要见到单词里有ck，那么就不能把两个字母分开读两个音，而要合起来读一个音。所以，kick不能读成"k-i-c-kur"，因为c和k合起来只读一个音，明白了吧？

随着学习的深入，孩子们还会学到其他双字母组，例如ur、oi、ar等等。只要学会了特定双字母组的独特发音，孩子们就能轻松地读出turn、coin和far这样的单词了。他们只需认出熟悉的双字母组，接着就能正确地读出单词了。例如，T-ur-n、C-oi-n和F-ar，非常简单！

最后，就在你认为自己摸清楚了这个术语的底细，孩子们又要开始学习**分体双字母组合**（**split digraph**）。它们仍旧是双字母组合，仍旧是两个字母发一个音，只是这两个字母因为中间隔了其他字母而不再相邻。例如，单词made就是个好例子，a-e合起来发"ay"，但是它们中间还隔了个d，明白了吧？这种拼读方式已经代替了过去的"魔法E"的发音规则（如果一个单词以e结尾，前面的元音发长音，叫作重读相对开音节）如果你记得的话。

组合与拆分

有了拼读法，孩子们很小就能把学到的声音组合成单词的读音了。一开始，孩子们会去拼读"辅音-元音-辅音"（CVC）单词，即两个辅音字母中间夹着一个元音字母的单词。例如，cat、sit和dug。孩子们也会去拼读无意义的单词，例如，mip、vop和lat。因为这么做能让他们专心练习拼读，而无须去记忆单词的词义。第169页的《怪怪汤》就是一个这样的小游戏。

如果孩子们见到了不认识的单词，就可以把单词拆分成他们认识的字母和字母组合。这叫作"拆分"。（是的，像个橘子。不要问我为什么。）之后，他们就能用拆分出的这些字母和字母组合的发音，来帮他们读出单词的读音了。开始学习写字后，他们甚至还可以用这个过程来帮助他们推导单词的拼写。

了解基础知识就够了！

你没有必要完全理解拼读和相关的技术术语，自会有老师去教孩子们。你可以跟孩子们一起去慢慢了解。如果你有什么不明白的地方，那就让孩子们给你讲清楚！这么做不仅能让孩子们知道你关心他们，而且，在他们慢条斯理又自豪满满地向你解释（或者，趾高气昂地问："你说你不知道？"然后兴高采烈地唱道："妈妈不知道'ea'发什么音！"你就乐吧，小屁孩。）什么是双字母组合的时候，他们的自信也会显著增长。不过，只要你能陪孩子们玩与字母或字母名有关的任何小游戏，而不管你具体是怎么做的，你都将是一位一级棒的父母！

拼读不是万能的！

在陪孩子们玩游戏当中，当我给我的两个孩子解释字母的时候，我通常同时使用字母的名称和它们的实际发音。我这么做的原因是伊万（Ewan）的名字。如果我告诉他，他名字里的E读"eh"（根据拼读），这会给他造成困扰，因为他名字的前半部分读"yew"。所以我经常说，他的名字首字母是"Eeee"，因为从发音的角度看确实如此。没有哪个成年人会在打电话时把自己的名字拼成"Duh, ah, i, sssssss, yuh"，而不是"D, a, i, s, y"，否则那人一定是疯了！拼读法说，ch读"chur"，可是克里斯托弗（Christopher）听了该怎么想？还有夏洛特（Charlotte）呢？

所以，我在我的视频节目里同时使用字母的名称和它们的实际发音。对我来说，这就像是告诉孩子们，猫的名字是猫，但猫的叫声是"喵"。如果孩子们明白这一点，他们就能轻松理解，"en"（n）的读音是"nnn"。

说到阅读的学习，拼读法并非是万能的。由于英语极为复杂，不符合发音规则的例外情形比比皆是。我认为下面的做法是有益的，即让孩子们从小同时了解字母的名称和它们的发音，以便他们将来能够更好地理解那些发音方面的例外情形。我们必须向孩子们承认，单词的发音是非常复杂的（例如，knight、circle和great），同时尽可能用明白易懂的方式来向孩子们解释这些例外情形。不过也不要忘记，孩子们是有老师的。要是你想在带孩子学拼读这件事上得到一些建议，那么你可以去找他们聊一聊。

许多单词并不符合拼读规则，人们称之为"不规则单词"，需要单独记忆。例如we、go、what和they，你可以在网上找到这类单词的列表。

只要在油管视频网站里搜索"Jolly Phonics"（快乐拼读）就能轻松地找到所有的拼读发音。

如果某个字母组合是由三个字母组成的，那么它就是三合字母（trigraph），例如light中的igh。又学到一个术语！

如果孩子的学校或幼儿园已经开始教拼读，你就可以同时在家里教他们拼读了，以此来让他们学得更好。不过，你也要让孩子引导。如果他们开始对拼读表现出兴趣，你就可以通过陪他们玩字母游戏来享受其中的乐趣了。

用大写字母还是小写字母？都用，但是小写字母要用得更多些。因为我们阅读时更常见到的是小写字母。

只要掌握拼读的基础知识就可以了。我保证，你不需要把老师们讲的拼读术语全都搞懂。

"高频词"就是我们经常见到的词，它们可以不按拼读规则记忆。

如果你想知道拼读训练有哪六个阶段，那么就去访问我的网站吧: fiveminutemum.com/2018/06/15/wtaf-is-phonics/。

made

分体双字母组合示例：

a e

发"ay"音

第5章 小小游戏

关于时间

5分钟的安静
给小宝宝的游戏
雨天游戏
纸箱游戏
春日游戏
涂抹游戏
脏兮兮游戏
晴天游戏
嬉水游戏
秋日游戏
亨利的吹气游戏
两岁游戏
学认颜色
沙滩游戏
学认形状
畅享自然
磁力字母和磁力数字
圣诞游戏

关于时间

有了孩子后，时间的运行方式似乎突然之间完全变了。孩子出生前，时间像墙上的挂钟，一秒一秒地流逝。可孩子出生后，时间突然就变得要么曲速前进，要么完全停步。有时候，哥哥伊万消失在了浴室的方向，我却还在沙发上给弗洛伦丝喂奶，动弹不得。很快，我就会听到卫生纸卷的飞速旋转和水龙头的开开关关。随后，我就得花上一整个小时去清理烂摊子，同时还要给极难伺候的妹妹拍嗝儿。突然，我好像意识到了什么："哦，该死！托儿所！又又……又要迟到了！"

也有时候，我还是在那张沙发上给弗洛伦丝喂奶，而哥哥也还是在我身边转悠，可距离去托儿所的时间还有一个小时。加餐吧，太早，可我们已经看了整整一个小时的幼稚的儿童节目了。我巴不得赶紧找个成年人聊几句，我要闷死了！

大多数父母都承认，虽然我们爱孩子，喜欢跟他们在一起，但有时也会感到艰难、烦闷和孤独。这些情绪都不是互不相容的，而是可以在眨眼间由幸福满满碎裂为烦闷不已，最后以内疚收场。说到内疚，这是一种非常真切的感受。在我看来，如果你对孩子有负罪感，那么这一点就足以表明，你是一位好父母。你在担心孩子，担心自己做得不够好，不是吗？你是个好人。（反正我就是这么安慰自己的。）

但是，我们真的得把负罪感甩得远远的，不要让它沾上我们，把自己的心解救出来。而且，我还有对付它的法宝：

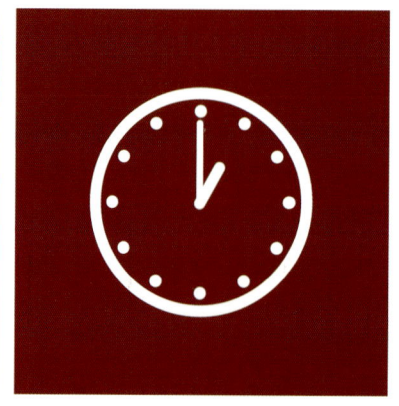

小小游戏   **5**

关于时间

小小游戏！

    在这一章里，你会读到我在内疚来袭时拿来应对的所有点子。这些拿来就能立即使用的点子，我反复用过多次，而且它们几乎无须准备，或者准备过程极其简单。它们有的能让孩子们有的可玩，把我解放出来；有的能让我们一起玩，把这漫长的一天快点打发掉。这些小小游戏尤其适合一岁以上的幼儿。在我有别的事情要忙，比如做饭或打扫浴室，因而需要给孩子们找点能在我的眼皮子底下玩的东西的时候，我时常求助于它们。在"开工"之前，我喜欢先跟孩子们玩上5分钟，这样我就不用担心，一会儿还得把他们从身边撵走，"去去去！去那边玩！"他们已经拥有了高质量的陪伴，我现在只是在鼓励他们独自探索。我的良心是清白的。

    在我写下所有这些小小游戏后，我才意识到，它们竟然有这么多。这还要归功于我的母亲，她是这方面的大拿。直到她陪我的两个幸运宝宝玩了许多小小游戏后，我才确定无疑地发现，为什么我的童年充满了欢乐，以及为什么我似乎注定要成为5分钟妈妈……

我们会整理宝宝的玩具。可是在我们这样做的时候，孩子们往往又会想要去玩它们。虽然你要不断地把玩具放回去，进而心生烦躁，但每次完成后的平静还是会让你觉得，这么做是值得的。你甚至可以把这个过程变成一场亲子游戏，看看谁能最先把玩具收拾好！

小小游戏 **5**

5分钟的安静

安静，这是我们从小不点降生的第一声"哇"开始，就一直渴望的东西。我们屈膝恳求："孩子们啊，请给我5分钟吧。"在这件事上，我希望下面这些点子能让你得到你想要的5分钟，而且走运的话，你或许还能得到更多时间。来吧，从下面挑一个，然后抓紧时间！冲向卫生间！回复邮件！再烧上一壶水！快去吧！

1. "大人的"手提包 1+

准备一个旧手提包和一个旧钱包。家里没有的话，可以去看看二手商店。如果孩子已经过了容易窒息的年龄，你就可以在钱包里装一些真的硬币并放进手提包，再往包里装一些零碎的东西，例如，用过的飞机票、作废的公交卡、过期的银行卡和带着钥匙环的旧钥匙等等，把它"打扮"成一个大人的手提包。然后，让孩子发现它，接着任由他们去翻腾。

2. 小宝箱 1+

这个小宝箱游戏非常受欢迎！你见过聚会时相互赠送的小礼物、购物时的赠品和快餐店里搭售的小玩具吧？它们往往玩不了半分钟就会被弃之一隅。那么，我们是不是可以把它们收集起来放进一个鞋盒子里呢？给每个孩子准备一个这样的盒子，放在孩子们够不到的地方。如果你再见到什么小玩意儿，千万别丢进垃圾箱，而要把它们扔进盒子。然后，等到哪一天你需要5分钟清闲时，你就可以把盒子拿出来给孩子们玩。孩子们看了会喜出望外！

3. 小熊索道 2+

找一段绳子，把一头系在高处（例如，楼梯的栏杆上），另一头系在接近地面的低处。找一个带夹子的晾衣架，或者直接在普通的晾衣架上夹几个小夹子。让孩子们把玩具小熊夹在晾衣架上，然后松手，让晾衣架从绳子的高处滑下来。哈，孩子们上上下下，不停地玩小熊索道！这时我喜欢坐下来，喝着茶远远地看着！

4. 戏水盆 1+

我知道，这听上去就会把家里弄得乱糟糟的，不是吗？但是，只要照我说的做，你就不会担心了。把脸盆里装上水，放进淋浴房或空浴缸，这样孩子们就能放开手脚玩水了，你也不必担心还要"打扫战场"。往盆里随便丢点东西进去，比如，小勺、小碗、小水壶什么的，只管让小家伙们自娱自乐。这时，你就可以坐在他们旁边，给你的朋友们发消息，看看谁有时间一起来喝杯咖啡。有人能来吗？

5. 拍照片 3+

把手机的相机功能打开，让孩子们用你的手机去给所有他们喜欢的玩具拍照片。（如果是苹果手机，这里有一个方便的小窍门，就是从"设置"里打开"引导式访问"功能，把手机锁定在相机应用程序里。也就是说，你不用担心孩子会突然发一堆奇怪的消息给你的联系人，或者不声不响地给你买6双鞋。）这时，你就能舒舒服服地坐下来，真是美事一桩！

一两岁的学步期孩子喜欢看立体书。你可以用一本普通的书和一沓便利贴，做一本你们自己的立体书！

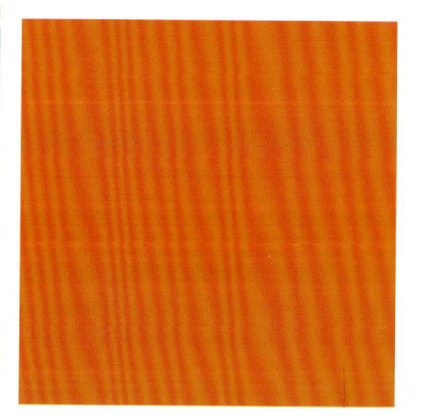

给小宝宝的游戏

小小游戏 5

有时候，要为一两岁的小宝宝设计好玩的游戏还是很困难的。我的孩子在这个年龄段时，我并没有很多特别的创意（睡眠不足"偷走"了我的脑细胞）。但是，在我有一些精力的时候（多亏了大量的咖啡因），我们还是玩了下面的这些小游戏。

1. 藏玩具

找来三个杯子（或篮子，或碗），把杯子扣过来，在每一个杯子下面藏一个小玩具。逐一拿起杯子，让宝宝看到里面的玩具，然后再扣上。接着，把三个杯子打乱顺序，看一看你的小家伙是不是还能准确说出每个小玩具藏在哪里。如果他们玩腻了，你可以把玩具从杯子里拿出来，放在杯底上面，再拿一个小球，看看宝宝们能不能用球把杯底上的玩具打下来。（你也可以用小的锡纸团来代替小球。）

2. 照片拼图

你家里有没有尚未装进相框，就被你随意丢在一边的照片？或者因为价格优惠而洗多了的照片？如果有的话，你就可以把它们剪开，变成一块块的"拼图"！如果孩子还很小，你可以把照片沿着一条波浪线剪成两半，等孩子把照片拼好后，再和孩子讲讲照片里都有谁。等孩子越来越有信心后，你还可以把一张照片剪成更多块。这个年龄段的孩子喜欢看到熟悉的面孔，配上你生动的讲解，这个小游戏就是你教孩子熟悉亲人名字的绝佳工具。

3. 沙发隧道和堡垒

这是一款超级经典的游戏！把沙发上的垫子搭在茶几和椅子（或两把椅子）中间，形成一条"隧道"，让宝宝们在里面爬来爬去。你还可以在"隧道"的一头搭个"堡垒"。我曾经在客厅里搭了一条长长的"隧道"，还拿了一个软软的球来让孩子们把它滚过"隧道"。

4. 投递通心粉

这是我博客里一个非常受欢迎的游戏。找一个小纸盒，在盒子的各个面戳几个洞。然后拿个容器装上干的意大利通心粉（不要用意大利面，而是用粗一些的通心粉）给孩子，让他们把通心粉从盒子上的小洞里"投递"进去。这个小游戏很适合用来为你赢得5分钟的安静时光！（注意，有些孩子，特别是很小的孩子，会拿起干的通心粉往嘴里塞，所以要盯紧他们。）

5. 气球

我用来放置零碎物品的抽屉里总有一包气球，以备在无聊的日子或生日那天使用。如果你身边正好也有气球，你就可以把它们吹起来，画上滑稽的笑脸，接着让你的小家伙用手去拍气球，再把气球接住。你也可以拿一张纸板或塑料板来给孩子当拍子用。

184

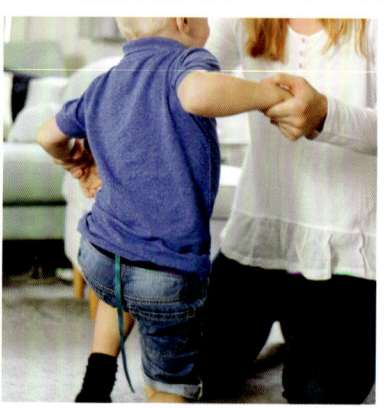

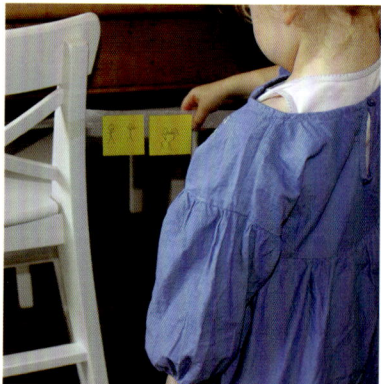

小小游戏　　5

雨天游戏

那些下雨天可真难熬！我们住在英格兰西北部，那里基本上天天下雨，所以我才会有这么多适合雨天玩耍的点子！外面又在下雨了？看看这些点子能不能帮你再撑上一个小时……

1. 拼图礼物袋 1+ 💬

找一套拼图，拿几张报纸把拼块包起来，装进漂亮的纸袋，把它当作礼物送给孩子。接着，让孩子们拆开"礼物"，然后玩拼图。有谁不喜欢收到礼物呢？

2. 客厅橄榄球 3+ ⚽

找几根彩色丝带或绳子，一头塞进你的裤子后面，一头耷拉在外面。用同样的方式装扮孩子们。找一片宽敞的地方，那里最好有软软的地毯，这样跪上去会舒服些——我跟两个孩子是在客厅里玩的。告诉孩子，游戏规则是看谁能把对方的绳子拽掉，同时又不让对方拽走自己的绳子。你和孩子先面对面，然后你说："预备！开始！"等孩子玩得差不多了，你就拿一个大大的沙发靠垫放在你前面，然后让孩子跑过来，像橄榄球运动员那样把你扑倒在地，以此来把他们"被雨天困住的"旺盛精力消耗掉一些。

3. 儿歌小舞台 1+ 💬

如果孩子有玩具乐器，那就把它们找出来。如果没有，那就去厨房找点能敲敲打打的东西，例如，平底锅和木勺。选5首儿歌，一边跟孩子们一块儿唱，一边伴奏。轮流尝试每一样"乐器"。别忘了让孩子们来挑选他们最喜欢的歌。

4. 拼图大搜索 2+ 💬 🧩

找一套拼图，把拼块藏在房间里的不同地方。你的孩子们能找到所有拼块，并且把拼图拼好吗？对于大一点的孩子，你可以帮他们来计时，看看他们完成得有多么快！

5. 纸胶带上的故事 3+ ✏️ 💬

在两把椅子之间粘一段纸胶带，让有黏性的那一面朝向你。准备一些便利贴（或者几张小纸片）和一支笔。你可以在便利贴上画不同的图画来组成一个小故事，再按正确

185

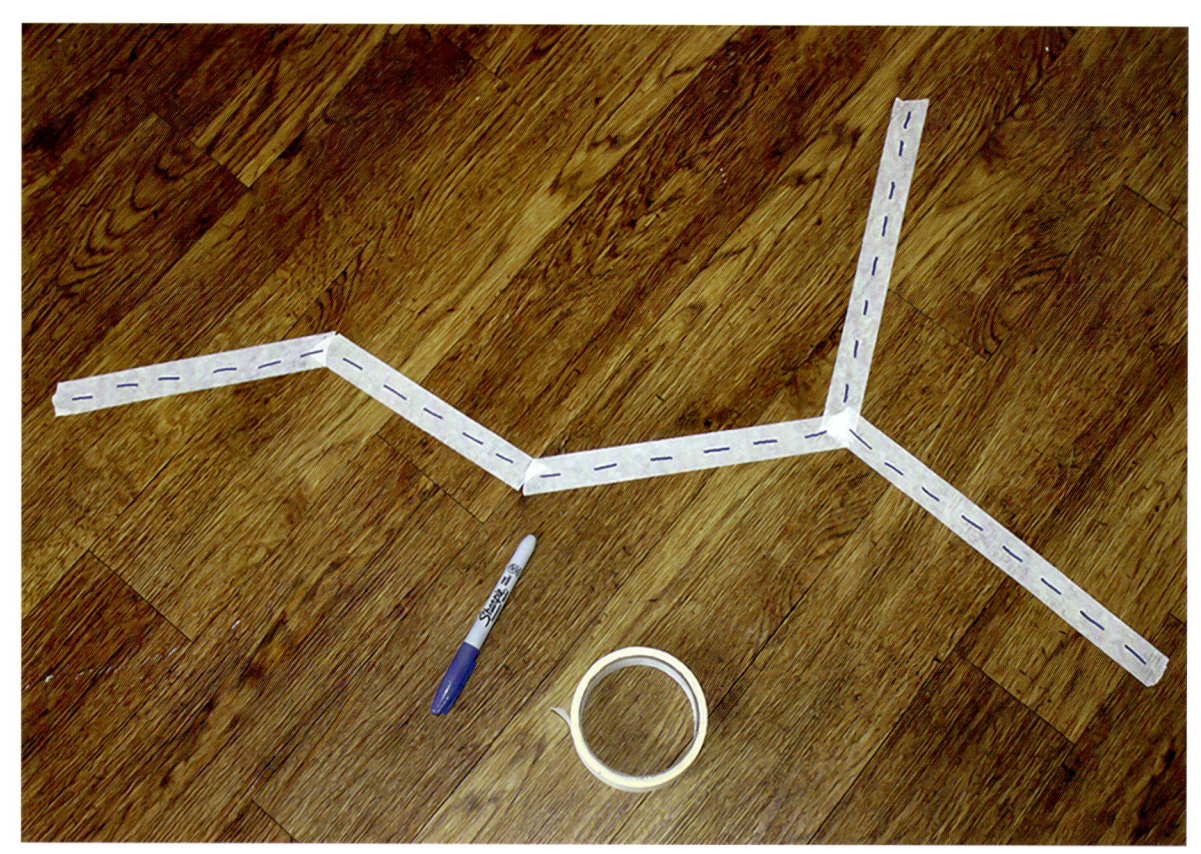

当然，不要忘了，在下雨天，你们也可以穿上长雨靴和雨衣，带上雨伞，走出家门，到外面去踩踩水，享受一番纯粹的快乐！还有，回到家后，你们还可以沏几杯热巧克力，窝在毯子里看电影。

小小游戏

的顺序贴到纸胶带上。你的孩子们能把自己名字的字母按顺序贴到纸胶带上吗？或是孩子们能自己写字母，再在纸胶带上贴出名字吗？

6. 画轮廓 3+

让孩子们挑出三个他们最喜欢的玩具，他们能不能把玩具的轮廓描出来？可以用粉笔在地上画，或者用铅笔在纸上画，甚至可以用石头等小物件摆出玩具的轮廓！

7. 生日蛋糕 2+

准备一团橡皮泥或烤面包用剩下的面团、几个纸杯蛋糕托和几根生日蜡烛，让孩子们用这些材料做几个"蛋糕"，再把蜡烛插到每个"蛋糕"上。每一次，孩子们玩的时间之长都出乎我的预料！

8. 天变黑了 1+

把窗帘拉上，把灯关掉。我的两个孩子都喜欢"天变黑了"带给他们的兴奋。给他们一只手电筒，一起在黑暗里阅读。你们甚至还可以挥舞着荧光棒来跳迪斯科！

9. 纸胶带 1+

纸胶带是我的王牌工具！我总喜欢在手边备一卷，以便随时随地制造欢乐。你可以在地板上贴出孩子们的名字，再让他们把字母一个一个地撕掉；可以撕10条纸胶带给孩子们，让他们把纸胶带贴成一条路；可以让孩子们用纸胶带给"受伤的"玩具熊"包扎"伤口；可以用纸胶带贴出一条小路来让孩子们沿着走；可以在地上贴出一连串数字来让孩子们按顺序跳过去；你还可以让孩子们在纸胶带上涂画。纸胶带的玩法实在太多了！

10. 垫子小路 2+

找几个垫子，在地板上铺成一条"小路"，告诉宝宝们只能在垫子上走，垫子以外的地毯或地板是"岩浆"，他们不能碰到"岩浆"。玩过几次后，换换垫子的摆法，变成不同的"小路"。这个游戏可能会把家里"搞乱"，但是作为3岁和5岁孩子的母亲，我已经不在乎了！（这个小游戏有点类似第77页的《跨越陷阱》，只是不包含学习的部分。）

在一个大纸箱里放一个靠垫，让孩子们在里面来一次"纸箱野餐"。食物残渣不会落到外面，过后直接倒掉就好。

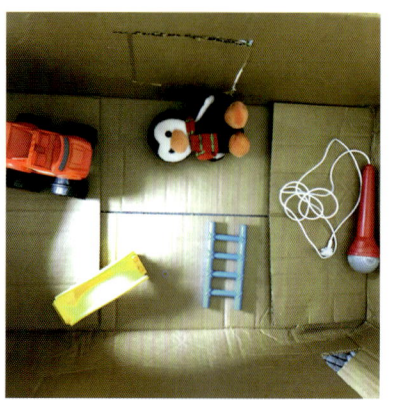

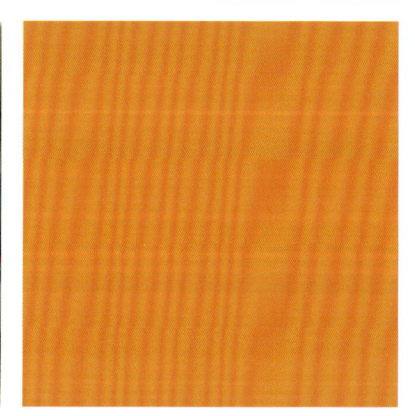

小小游戏 **5**

纸箱游戏

对于每一位照看小孩子的父母来说，纸箱是最好的生活馈赠之一。在这个网络购物的时代，我发现我家里还留着许多这样的纸箱。下面这些游戏都是围绕纸箱展开的。（当然，你也可以直接把纸箱扔给孩子们玩，让他们自由发挥。）

1. 废品机器人 3+

找一个大纸箱，再找出一些零零碎碎的要扔进垃圾桶的废品，比如，小盒子、瓶盖、塑料瓶、用过的锡纸等等，然后用这些材料拼装出一个机器人！用纸胶带来固定所有的材料。如果孩子们有贴纸，那就可以用它们来充当机器人的控制面板和按键。如果再在大纸箱上掏出几个能容纳孩子的胳膊和头的洞，把它"穿"到孩子们身上，让他们变成机器人，那就更好玩了！

2. 箱子雪橇 2+

在一个大纸箱的某一个侧面戳两个小洞，拿一根绳子从两个小洞中间穿过去，打上结，做成一个"雪橇"。让孩子坐在纸箱里，你就可以拉着"雪橇"在硬地板上到处走了。然后，轮到你的宝宝们来拉"雪橇"了。你可以把玩具放进去，让他们拉着玩具到处走。

3. 斜坡赛车 2+

把一个大纸箱拆开，变成一张大纸板，在纸板两端写上"起点"和"终点"。把"起点"搭在沙发或者椅子上，另一端放在地上，形成一个斜坡。然后，让孩子们把玩具汽车和玩具火车从"起点"释放，让它们从斜坡上溜下来，看看谁的车溜得最远！

4. 纸箱城堡 1+

把一个大纸箱放倒，在上面盖一块毯子。嗒嗒，"城堡"建好了！给孩子们一只手电筒，让他们躲进"城堡"里去照影子玩，或者读故事。

5. 猜玩具 3+

在纸箱的一面掏一个刚好能让孩子把胳膊伸进去的洞。找5个玩具放进纸箱，再把纸箱封好。让你的小家伙们把胳膊伸进洞里，讲讲自己摸到了什么。他们能说出自己摸到的是什么玩具吗？

189

有时候，总去同一个公园玩也会比较无趣。这时，你可以用夹子夹上不同的叶子来做成"天然画笔"，可以让玩具小车从滑梯上滑下来，让玩具小熊荡秋千，或者拿一把小铲子和一个小桶挖泥土。这些都是很有意思的玩法！

小小游戏　5

春日游戏

　　这些游戏在室内和户外都可以玩，所以与春天变幻莫测的天气很相配。你可以把游戏安排在公园或院子里玩。但是，如果雨天需要待在家里，玩这些游戏也没问题。春天来了，我们终于可以每天一起呼吸新鲜空气了。每到这一时节，我总是满心欢喜！

1. 半张贴纸 2+

　　我家里的贴纸似乎越来越多，这里一张，那里一张。我经常把许多张贴纸剪成两半，再让孩子们把它们重新拼回去。有时，我会把剪成两半的贴纸放在纸上来等孩子们拼贴。有时，我也会把它们藏在屋子里或花园里来让孩子们寻找。别忘了先把贴纸上没用的部分揭掉，以方便孩子们的小手把贴纸撕下来。

2. 猜声音 2+

　　找来5个能发出声音的东西，比如，乐器或房间里的小物件。先让你的小家伙们看看它们，然后让他们转过身去背对着你。这时你拿起其中一件东西来"演奏"。宝宝们能猜出你拿的是什么吗？你们也可以到外面去，坐在毯子或垫子上玩这个游戏。仔细听听周围还有什么声音，和宝宝们一起说说：这是小鸟在叫吗？还是有飞机在天上飞？或者，这是小狗的叫声吗？

3. 燕麦蛋糕 2+

　　准备一碗燕麦片和几个空的纸杯蛋糕托。在蛋糕托里写上数字，然后让你的小家伙们拿着勺子把燕麦片舀到纸杯蛋糕托里。蛋糕托里的数字是几，就舀几勺。如果你们在院子里玩，小鸟就能吃到撒出来的燕麦片。要是在屋子里玩，你就可以铺一张毯子在下面，最后把毯子拿到外面，抖掉上面的燕麦片给小鸟吃。

4. 小小童话剧 1+

　　找一本内容简单的故事书，用合适的道具来演出书中的情节。我们有一本书，讲的是一个男孩和一只企鹅在一艘小船上的故事。我找来一个小人偶、一只玩具企鹅和一个用来当小船的塑料碗。然后，我们一起读了这本书，并且用我们的道具把书里的情节演了出来。我们把它们带到屋外"启航"，让它们在院子里"航行"，最后回到起点。也许，书中的角色还可以按按门铃，或者去洗一个澡？在你们演的时候，别忘了把书带在身边！

5. 量一量 3+

　　有一种可以伸缩的软尺（如果你家里有）能制造出很多欢乐！这个游戏适合大一些的孩子，因为这类量尺操作起来比较困难，你需要小心看护好宝宝（对于小一些的孩子，你也可以用那种不可伸缩的软尺来代替）。这种尺子可以量家里的任何一件东西，还能让宝宝学习20以上的数字。孩子们能量出的最大的东西是什么？

把宝宝们胡涂乱抹的"作品"保存起来。遇到特别的日子需要制作贺卡时，你只需要把他们的涂鸦剪成爱心形状，贴到空白卡片上，一张绝美的手绘卡片就做好了！你甚至不需要拿糖果去"贿赂"他们"给奶奶做卡片"！

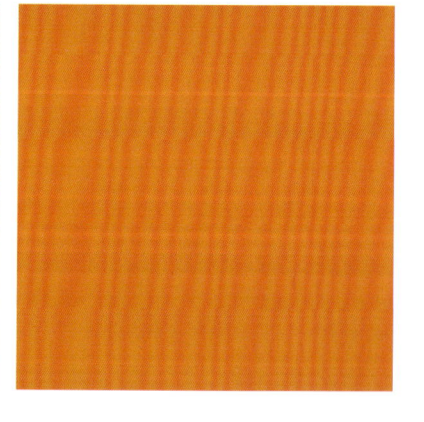

小小游戏　5

涂抹游戏

这类游戏对孩子学习写字和绘画非常有用。涂抹是写字的初级形态，所以要鼓励孩子多做这类活动。有些孩子对于在纸上写写画画完全不感兴趣（伊万就是这样，直到上学后才有转变），所以，你就可以用其他方式来帮助他们启蒙。

1. 车过留痕 2+

大一点的玩具车——那种笨重点的车，最适合玩这个游戏。在每辆车后面粘一支笔，让笔尖朝下，能够与纸面接触。（什么笔都可以，但最好是弹性笔头。）把玩具车放在一张大纸上，让孩子"开动"玩具车，在纸上留下痕迹。孩子画出的痕迹酷似某个字母或数字吗？如果有，那就指给他们看。

2. 躺着画画 2+

在一张矮桌或者一把椅子底下贴一张白纸，旁边放一盒蜡笔和一个靠垫。等孩子发现后，让他们躺下来在纸上画画。

3. 新画派 2+

让你的小家伙在不同寻常的东西上涂画！他们可以用圆珠笔在香蕉皮上画画，用粉笔在树皮上画画，或者用钢笔在树叶上画画。你还可以在窗子或地上贴上报纸来让孩子画画。

4. 纸巾也能画 1+

找不到纸来画画吗？扯一段厨房纸巾或卫生卷纸，在上面画画吧！如果你已经做好打扫卫生的准备，那就可以兑点水彩，让宝宝们用手指蘸着在纸巾上轻轻地涂画，这也是一种乐趣。

5. 冷冻西瓜 2+

是的，你没看错，我把一个大西瓜冻起来了！这本来是一次意外，不过拿出冷冻室后，它的表面就在不停地结霜。我的两个孩子用小手不停地在上面写呀，画呀，玩了很久。

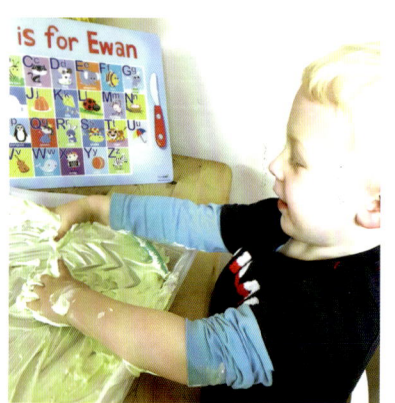

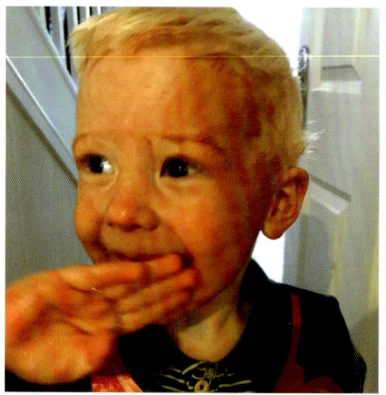

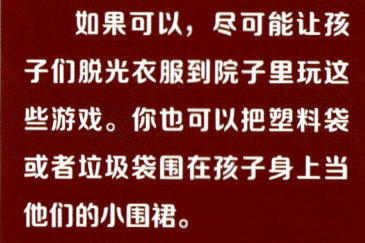

如果可以，尽可能让孩子们脱光衣服到院子里玩这些游戏。你也可以把塑料袋或者垃圾袋围在孩子身上当他们的小围裙。

194

小小游戏 **5**

脏兮兮游戏

"不行！玩什么都行，就是不能玩会把家里搞得脏兮兮的游戏！"我常常这样回答孩子们的类似提议。不过有时候，当然只是有时候，我也会心血来潮，想让孩子们"自由发挥"一番，于是，我便会专门辟一处游戏空间，随他们去搞得一团糟，当天随后也不会再让他们进去玩！

1. 泡泡画 3+

这是幼儿园教室的经典游戏！把安全颜料和洗手液按照1:1的比例倒进杯子，加些水进去。准备一根吸管和几张纸。让孩子们把吸管伸进颜料和洗衣液的混合物里吹泡泡，再用纸接住泡泡，让彩色泡泡在纸上形成美丽的图案。不要让孩子们独自玩这个游戏。我跟伊万玩它的时候走开过一次，等我回来，他已经变得像《查理和巧克力工厂》里的奥帕－伦帕人一样邋遢。

2. 酸奶画 1+

如果你有一个什么都想往嘴里塞的小宝宝（弗洛伦丝小时候就是这样），那么让他们画画或者玩彩泥可能会非常困难。这时，你可以把可以喝的酸奶倒进托盘，再滴几滴天然食用色素进去，然后让你的小家伙把手伸进去尽情涂抹——想舔就尽管去舔！

3. 剃须泡泡 2+

这是我首选的脏兮兮游戏。找一罐便宜的剃须泡沫和一个塑料碗，把泡沫挤到碗里，加入食用色素，用画刷把色素和泡沫混合，然后让孩子们拿它们来给浴缸"刷漆"。你也可以把泡沫喷在院子里的门上，再给孩子们一支画刷来让他们随意涂抹。你甚至可以把泡沫喷在托盘里，撒上环保闪光粉，让孩子们放开了玩！（注意，那些闪光粉是永远都无法清理干净的。）

4. 魔法药水 2+

找一些用过的塑料瓶、洗手液瓶、奶粉罐或洗衣粉罐（配有小勺的那种）和针管。把所有东西清洗干净，在各种容器里都装一些水，分别滴进不同颜色的食用色素。让你的宝宝们把不同颜色的液体混合起来，做成五颜六色的"魔法药水"。

5. 彩色石头 2+

如果你想在处理杂务前出门透口气，就可以顺便玩玩这个小游戏。到外面散散步，捡一些石子带回家，让孩子们给它们涂上颜色，美好而简单！最惬意的事情大概就是这样。

如果你想鼓励孩子学种花,就可以先从种向日葵开始,或者在空蛋壳里垫一块湿棉絮,再丢几颗芥菜种子进去。

小小游戏 **5**

晴天游戏

这真是最好的天气了！只要能去院子里，我就会非常开心。我非常喜欢园艺，只要我能踏踏实实地种花，孩子们又有的玩，那就叫完美！

1. 小小粉刷匠 1+

我特别喜欢这个小游戏！给孩子们一桶水和一支画刷，让他们"粉刷"房子、篱笆、墙面或地面，想刷哪里就刷哪里。你也可以让他们用刷子蘸水在硬纸板上随意涂抹。

2. 粉笔清洁工 3+ abc 123

找一个空喷壶，灌上水。用粉笔在墙上或围栏上写点或画点什么，然后让你的小家伙们用喷壶把它们清除掉。如果想要寓教于乐，你就可以用粉笔写上字母或数字，在孩子们清除的时候把它们大声念出来。

3. 描影子 3+

找几支粉笔，用来在墙上或者地上描出影子的轮廓，或者用笔在一大张纸上描。跟孩子轮流用身体摆出不同姿势的影子，然后用笔把影子的轮廓描出来。

4. 小小洗车工 1+

如果你的小家伙们有玩具车、三轮车（或者玩具屋、小滑梯这类大号玩具），你就可以给他们一桶肥皂水，跟他们说该大扫除了。给他们干净的海绵、刷子和抹布，让他们当一回洗车工。孩子们会玩得停不下来！

5. 敲冰块 2+

找几只塑料杯，装上水，放一些塑料玩偶、字母、数字、丝带或硬币在里面。只要适合孩子们的年龄，放什么都可以。然后把杯子放进冰箱冷冻！如果你想安静地喝点什么，就可以把这些杯子从冰箱里拿出来，让孩子们用玩具锤子或勺子敲开冰块，把里面的小物件解救出来。哇，干杯！

洗澡时玩的玩具也会变脏。是不是有点奇怪？它们不是每天晚上都"洗澡"吗？但这是真的。我把它们拿到洗碗机里清洗，可以节约很多时间！

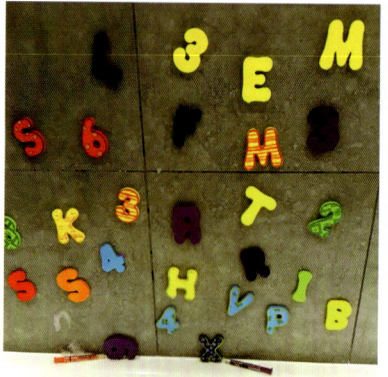

小小游戏　　**5**

嬉水游戏

我曾听到有人说："怕孩子不喜欢？那就来点水。"我发现很多时候确实如此。怀孕期间，我经常待在浴缸或游泳池里，我的两个孩子也是天生的"水宝宝"。好在玩水前，我一般不需要去费力地给他们穿泳衣。

1. 水迷宫 `3+`

这是我为亨利设计的另一个小游戏（更多吹气游戏详见第105页和203页）。准备一个边缘至少有几厘米高的托盘，在里面放一些水。用普通枳木或者乐高大颗粒枳木搭一个简单的迷宫。在起点放一只乒乓球或一个塑料瓶盖，放几根吸管。这样一来，你的宝宝们就能用吸管吹着乒乓球"走"迷宫了。

2. 喷下来 `2+` 💬

准备几个洗澡时玩的喷水玩具，如果没有，可以用几根干净的针管。把浸湿的泡沫字母或泡沫数字（超市里可以买到）粘在浴缸壁或浴室瓷砖上。你念到哪一个字母或数字，孩子们就要用喷水玩具把它喷下来。有时候，我们还会比赛谁喷得最快！

3. 浴室迪斯科 `1+`

在浴缸里放几根荧光棒，把灯关掉。放点音乐，在水里来一场小型狂欢。脖子扭扭，屁股扭扭，加上各种花样手势。动起来！

4. 小小洗碗工 `2+`

这个小游戏特别适合你在厨房做家务的时候玩。让宝宝踩着椅子站在厨房水槽旁边（我一般会用两到三把椅子来确保孩子们的安全）。打开冷水龙头，让水缓缓地流出来。把家里的塑料碗、塑料杯子都拿给孩子们去"洗干净"。

5. 会沉下去吗？ `3+` 💬

这个小游戏也是一场迷你科学实验！准备一个干净的容器，灌上水。我用的是一个空的塑料牛奶瓶。找5个不怕水的小物件，拿起其中一个，问孩子："你们觉得它是会沉下去，还是会漂在水面上？"然后把它丢进水里，看看会发生什么！把小物件分成两类：一类是会沉下去的，一类是会漂在水面上的。你还可以跟宝宝聊聊，为什么有的东西会沉下去，而有的东西却不会。

199

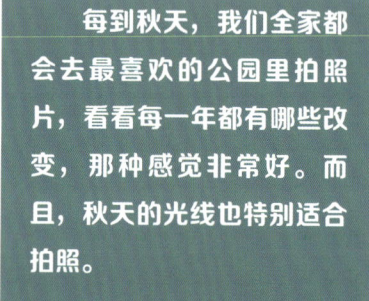

每到秋天，我们全家都会去最喜欢的公园里拍照片，看看每一年都有哪些改变，那种感觉非常好。而且，秋天的光线也特别适合拍照。

小小游戏　5

秋日游戏

秋天是我最喜欢的季节！小时候，我和哥哥很喜欢到外面去捡野果玩。有一次，我们捡了很多很多，把他的布袋子塞得满满的，沉得没办法提回家去。我们做了各种试验，来试着让野果变得坚硬，好赢得野果比赛的冠军。一旦你捡过上百个野果，能够想出下面的前三个小游戏也就不足为奇了。

1. 野果隧道 3+

找一个纸箱，沿着一条底边剪出 5 个圆拱形状的小洞，做成隧道的洞口。根据孩子们学认数字的程度，在每个洞口上方写上数字。把野果对准洞口滚进去或者扔进去，然后大声念出相应的数字。你们能把5个数字全念到吗？

2. 野果赛跑 3+

各自挑选用来比赛的野果，再用彩笔或指甲油"装扮"一番。把硬纸箱剪开，变成一个平面，一头搭在沙发等家具上，作为比赛的斜坡，或者用沙发垫子当斜坡。接下来，让你们的野果同时从斜坡上面滚下去，看谁的野果"跑"得最快。谁最先赢得5场比赛，谁就是总冠军！

3. 野果字母和野果数字 3+

用记号笔在野果上写上字母和数字，这样你就能用它们来玩各种游戏了，例如《数字小偷》（详见第157页）和《寻宝大作战》（详见第61页）。你还可以把它们扔进装满水的容器，看看你的小家伙们能不能用勺子把组成他们名字的字母野果从水里捞出来。

4. 南瓜瓤和葵花子 2+

如果你在院子里种了向日葵，到了初秋，它们就能结出大朵大朵的满是葵花子的花盘。你可以把向日葵花盘放在托盘上，然后让你的小不点们试着把葵花子拨弄下来！如果你要为万圣节雕刻一个南瓜，你也可以挖出南瓜瓤放进托盘，然后给你的宝宝们几把小勺和一个多孔蛋糕模具，让他们摆弄这些材料去制作"蛋糕"。注意看护好他们，确保他们不会把葵花子或者南瓜瓤吃进嘴里。

5. 在南瓜上画画 3+

南瓜的表面非常适合画画！你可以找一支记号笔，在上画出各种各样的鬼脸，或者玩《擦个净光光》（详见第71页）。到万圣节时，我经常会多买一个小号南瓜，专门用来画画。

201

如果方便的话，找一些可以弯曲的吸管，把它们往各个方向随意弯曲，这么做能降低游戏的难度，也能增加游戏的滑稽效果，这正是我们想要的!

这只兔子是第217页《驯鹿的红鼻子》游戏的复活节版本！这是另一个好玩的吹气游戏。

小小游戏 **5**

亨利的吹气游戏

正如你们从《吹吹足球》（详见第105页）里看到的那样，亨利是我亲戚家的孩子，得了一种叫囊性纤维化的遗传病。包括吹足球游戏在内，这些小游戏原本是用来为亨利的物理治疗增加趣味的，但所有的孩子都能从中获得乐趣！这些吹气小游戏能让所有人开怀大笑！

1. 小球赛跑 2+ 123

拿一个纸箱放倒在地上，让开口朝向你们，做成你们的"球门"。为每人准备5个小纸团和一根吸管。小纸团可以用小块的纸张（例如废旧包装纸）来制作。给每人一根吸管，然后你说："开始！"所有人要把小纸团一个一个地吹进球门。谁最先把5个小纸团全部吹进去，谁就获胜！

2. 火箭杯子 3+

如果你家有聚会用剩的一次性纸杯或者塑料杯，那就很适合用来玩下面这个游戏。每人拿一个杯子，通过画画或手工来把它"装扮"成火箭。接着，剪下两段透明胶带，其中一段比另一段长几厘米。把两段胶带居中对齐，让有黏性的一面相对，然后粘到一起，使两端仍旧留有黏性。把有黏性的两端粘在杯子的侧面，做成一个大大的把手。用一根长长的绳子穿过把手，把杯子吊起来，再把绳子系在房间的两头。游戏开始后，所有人通过吹气来让杯子沿着绳子"飞"。现在，你们准备好了就开始玩吧！看谁的"火箭""飞"得最快！

3. 气球比赛 2+

用纸胶带在房间一端的地板上粘出一条线，在上面写上"终点"。在房间的另一端，为每人准备一只充好气的气球。游戏开始后，每人各自用嘴把气球吹过终点。谁的气球先越过终点线，谁就获胜！

4. 猫和老鼠 2+

给一人准备一个棉球当"老鼠"，给另一人准备一个纸杯或塑料杯当"猫"。控制"猫"的一方要用手拿着杯子去"捉""老鼠"，而控制"老鼠"的一方则要用力吹气，以此来让棉球在地上快速滚动并变换方向。如果这么做对"猫"的一方来说过于容易，你就可以在杯子底下粘一根绳子，让控制"猫"的一方拽着绳子，用杯子从上面去扣"老鼠"。

5. 斯诺克 2+ 123

拿6个纸杯或塑料杯贴在桌子的边缘，当作斯诺克球桌上的"球袋"。给每人准备两个锡纸团和一根吸管。你可以用一根（或几根）橡皮筋绑在锡纸小球上，以此来区分这些小球。从桌子的一边开始，轮流用吸管吹自己的小球，把小球吹进"球袋"得分，或者用自己的小球阻挡别人的小球入"袋"。如果别人把你的小球碰进"球袋"，那么算你得分。小球进"袋"后要重新放回起点。

203

我把旧毛巾装在一个盒子里。旧毛巾对这个年龄段的孩子非常有用，如厕训练、清理脏东西和擦干身体时都可以用到。幸好有它们！

小小游戏 **5**

两岁游戏

这个阶段的宝宝正是"好玩儿"的时候，不是吗？两岁的孩子还不能把他们的需求准确地表达出来，但他们又会急不可耐地表达自己的想法。失望后，随之而来的就是大喊大叫、捏紧的小拳头和一通乱踢，很有意思。有一次，快要气炸的我把伊万像抱橄榄球一样从超市里抱了出来！我们都有类似的经历。虽然耐心、冷静和忍耐在大多数情况下都有效，但也有时候，拿一些东西来分散宝宝的注意力效果会更好。所以，在弗洛伦丝的帮助下，我想出了这些小游戏。在我需要迅速压制怒火的时候，它们就能派上用场了！

1. 餐具分类 2+ 💬

如果你家有那种带有多个格子的餐具收纳盒，你就可以把里面的餐刀（显然，刀口不锋利的那种）、叉子和勺子等餐具倒在一块毯子上，把空的餐具收纳盒放在旁边，接着让你的小家伙们把餐具分门别类地放进去。把洗碗机里的餐具归位时，我常常会让弗洛伦丝来这样玩。

2. 玩偶医院 2+ ✂️

一包便宜的创可贴可以用很久！找出5个玩偶，用垫子和毯子铺5张小床。准备一卷手纸、一盒创可贴和一个玩具小药箱（如果家里有），然后让你的小家伙们负责照顾这些可怜的玩偶吧。

3. 橡皮泥 2+ ✂️

准备一团橡皮泥和5件用来玩橡皮泥的工具，可以是玩橡皮泥的专用工具，也可以是安全的厨房用具。我发现孩子们很喜欢玩土豆泥压泥器。只用一种颜色的橡皮泥外加几件工具一般不会把家里弄得脏兮兮。而且，两岁孩子的专注力还没强大到能让他们投入几个小时去搞一个大工程。所以，这种轻量化的小游戏能帮你减轻负担。

4. 打地鼠 2+ ⚽

准备一个不大不小的纸箱、一个小玩具和一个吹好的气球。在箱子顶部掏5个洞，再在侧面掏一个洞。你把手伸进侧面的洞，拿着小玩具，把它从箱子顶部的其中一个洞口露出来，让你的小家伙们用气球去打它。然后交换角色，让孩子控制玩具，你用气球去打。

5. 小熊的野餐 2+ 💬

在地上铺一张毯子，上面放5个毛绒玩具。如果宝宝有那种成套的玩具茶具，那就拿出来。如果没有，你也可以用家里的盘子或杯子来代替。你还可以在盘子里放一些食物模型（如果家里有的话），在茶壶里灌上水。等孩子们自己去发现。

205

市面上有一种要求读者在书页里寻找不同颜色的物品的图画书。二手书店是一个值得去经常逛逛的地方，我在那里找到了几本这样的书。

小小游戏　5

学认颜色

学认颜色并不是一件轻松的事。有的孩子认识了一种颜色后，随后的一阵子就会把所有的东西都认作那种颜色。鸭子是什么颜色的？蓝色。妈妈是什么颜色的？蓝色。好吧！正当你开始担心孩子无法分辨颜色的时候，忽然间他们又什么颜色都认识了。下面是一些帮助孩子学认颜色的小游戏。

1. 颜色小侦探 3+

给孩子做一个纸发带。然后找一张小纸条，写上某种颜色的名称，或者直接把颜色涂上去，贴到纸发带上。把纸发带给你的小家伙戴上。让孩子通过你提供的线索，猜猜小纸片上写的或涂的是什么颜色。你可以这样跟孩子讲："这个颜色是草莓的颜色，也是火苗的颜色，还是小丑鼻子的颜色。"让你的小宝宝来过过颜色小侦探的瘾！

2. 颜色猎手 2+

拿5张纸，分别在上面画一个不同颜色的圆圈。接下来，让孩子用望远镜，或者用纸卷芯当望远镜在家里寻找与纸上的5个圆圈颜色相同的东西。每种颜色的东西各能找到多少个？哪种颜色的东西最多？

3. 颜色配对 3+

剪10张方块纸，每两张涂上一样的颜色，一共涂5种颜色。涂好后，把所有方块纸翻过去，带颜色的一面朝下，然后打乱顺序。接下来，你和小宝宝要轮流抽出两张纸。抽到颜色一样的就可以把它们赢到手，抽到颜色不一样的要放回去。谁最后拿到的方块纸最多，谁就获胜！

4. 西蒙说 3+

在5张纸上分别涂上5种不同的颜色，把它们放在5个不同的位置。告诉孩子们，接下来要按照西蒙的命令做动作。如果听到"西蒙说，跳到绿纸上"，他们就要找到绿色的纸跳上去。但是，如果只是"跳到绿纸上"，没有"西蒙说"三个字，他们就不能动！

5. 搭高楼 2+

如果孩子有彩色积木，你就把它们全部倒出来。在5张纸上分别画5个不同颜色的圆圈，这些颜色应当是积木里包含的颜色。让你的小宝宝们在不同的圆圈里，用相应颜色的积木搭"高楼"。

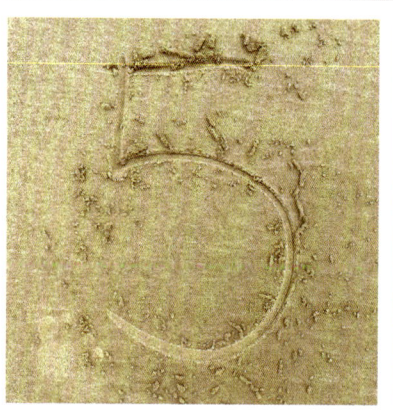

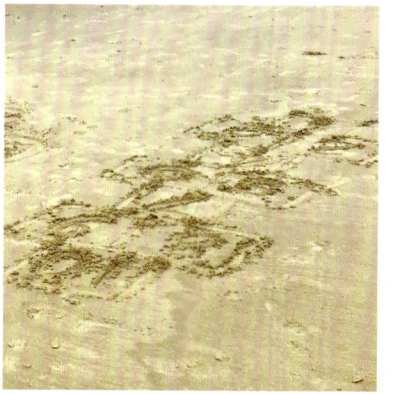

没有野餐垫？用旧的厚床笠也行。把你们的包放在厚床笠的几个角落，把床笠的边缘撑起来，让它们来充当阻挡沙子进入的"矮墙"！

沙滩游戏

小小游戏 5

一片铺满沙子的海滩本身就是一个巨大的游乐场，不是吗？最近，我们到海滩上玩了一次。孩子们堆了很久的沙堡，然后去海里游了泳（弗洛伦丝还吞了几口海水），过后才感到有些无聊。趁他们的注意力被一只死螃蟹吸引走的工夫，我在一旁的沙地上布置了几个沙滩游戏，等待他们来发现。

1. 数字岛 3+

在沙滩上按顺序写一些数字，每个数字外面再画个圈。如果孩子小，只写1、2、3就行了，玩熟练后再添加更多的数字。对于大一些的孩子，你可以把数字写得歪歪扭扭，并且增加数字的间距。让宝宝们按照正确的顺序跳进不同的圆圈里，然后再按相反的顺序跳回去。整个过程不能跳出圆圈，否则会被鲨鱼逮到。孩子们每跳对一次，我都会大声喊"叮！"。玩过一轮后，我会让孩子们喊出数字，换我来跳圆圈。

2. 沙滩打靶 2+

在沙滩上画三个同心圆当靶盘，再在几步远的地方画一条横线。让孩子们各自找一颗石子，然后轮流站在横线外瞄准靶心扔出去。你还可以帮他们记分。

3. 擦写比赛 3+

用石子在沙滩上写字母，让孩子们去擦。看看是孩子们擦得快，还是你写得快？我的两个孩子光着脚在字母上擦来擦去，我则一边写，一边大声把字母念出来。他们擦光了所有的字母，最终获胜。接下来，该他们来写字母了！

4. 石头打罐子 2+

找几个空的金属罐头瓶或者易拉罐，装点沙子进去，立在几步外的小沙堆上。让你的宝宝们多去捡一些石头（这一步本身也能拖一些时间！），然后让他们用石头把瓶子或罐子打倒。谁打倒的多，谁就获胜。你也可以用皮球来代替石头。

5. 经典游戏 3+

为什么不在沙滩上玩井字棋呢？这个游戏很简单，适合大一些的孩子玩。双方在九宫格里轮流画圈和叉，谁先把三个圈或叉连成一线，谁就获胜。连比5场，总成绩输掉的 方要去买冰激凌！另一个适合在沙滩上玩的经典游戏是《跳房子》（详见第35页）。

209

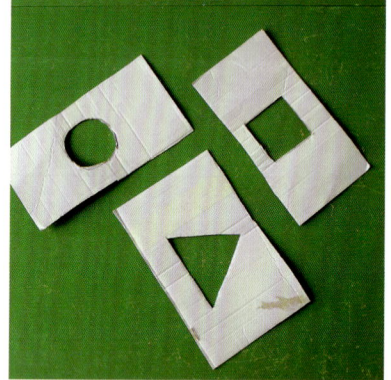

感到疲惫时，你可以早点给孩子们洗澡，然后在客厅里铺上垫子，跟孩子们来一场"睡衣野餐"。需要和孩子们同时上床睡觉时，我常常会这样做。

小小游戏　5

学认形状

结合搭建与形状认知的小游戏非常有益宝宝的智力发育。让孩子运用形状来搭建和解决问题，这听起来或许有点复杂，简单来说就是玩积木！成套的彩色木制积木是非常理想的玩具，它的玩法无穷无尽！

1. 小积木找妈妈 2+

找一些不同形状的积木（如果你有的话），或者用笔在纸上画出不同的形状，再用剪刀剪开，让它们当"孩子"。用纸胶带在地上贴出不同的形状，尽量贴得大一些，它们是"妈妈"。把积木摊开放在旁边。让宝宝们按照形状相似的原则，把"孩子"们送回"妈妈"的怀抱。

2. 数字积木楼 3+

找一些小纸片，分别在上面写一个数字，再用圆圈把数字圈起来。根据宝宝的能力大小来确定准备多少张小纸片。把写着数字的小纸片放在地上。接下来，让孩子根据小纸片上的数字，使用相应数量的积木来搭"高楼"。对于大一些的孩子，你可以把数字换成简单的加法。对于小宝宝，你可以根据每张小纸片上的数字，预先准备好包含相应数量积木的积木堆，然后让孩子来配对。

3. 荧光棒画形状 2+

在纸上画5个不同的形状，用剪刀剪开，装进袋子。找几根荧光棒，关上灯。让宝宝们从袋子里挑一个形状出来，看看他们能不能用荧光棒把它在地上或空中画出来。

4. 形状捕捉器 3+

准备几张硬纸板，分别在上面剪一个不同形状的洞，可以拿在手里从中间看过去，这就是你们的形状捕捉器了。为宝宝们演示，如何拿着它们来寻找相应形状的东西，接着让他们自己找。可以在家里找，也可以到外面去找。比如，他们可能会在电视遥控器上发现圆形的按钮，可能会在路边标识牌上发现三角形的字母A。对于每一种形状，他们能发现多少相应形状的东西呢？

5. 一个形状几条边？ 3+

准备一个骰子、一支笔和几张纸。首先掷骰子，掷到几，就去找到或画出相应边数的形状。例如，掷了4，对应的形状就是长方形或正方形；如果掷了1，对应的形状就是圆形；如果掷了2，那就是半圆形或者树叶形状。这个小游戏有两种玩法：第一种玩法是先在纸上画出各种形状，然后让宝宝掷完骰子后去寻找；第二种玩法是让宝宝掷完骰子后把相应边数的形状画出来。你说了算！

在雪天，你可以拿乳胶手套套在孩子们的毛线手套外面，这样他们就不会在堆雪人的时候把小手弄得又湿又冷了。

212

小小游戏 5

畅享自然

有时候，你很想逃离家中的烦乱到户外去，可家里的"小讨厌们"却不想去（至少在我家是这样）。于是，当我想呼吸点新鲜空气，而孩子们却不想出去的时候，我就会用下面这些方法来吸引他们走进大自然。

1. 剪叶子 3+

在花园里除草或修剪花木的时候，我会把剪下来的所有东西都扔进一个托盘里，让两个孩子拿剪刀去剪着玩。他们一会儿剪叶子，一会儿剪花瓣，玩得高兴极了。记得给他们买几把好用的儿童剪刀。

2. 打椰子 3+

超市里椰子便宜的时候，我会给两个孩子各买一个椰子。到家后，我会在院子里放两个杯子，把椰子摆在上面，再给每个孩子一个球，让他们瞄准椰子，把它从杯子上打下来。如果他们成功了，就可以把椰子赢到手。这时，我会让他们自己想办法把椰子打开。他们会花上好一阵子，把椰子到处摔。

3. 装扮纸盘 2+

带孩子们去外面野餐前，我会给每个孩子一个白色的纸盘子，让他们在出门前把纸盘子"装扮"一番。这个小游戏不仅能发挥他们的创造力，还能让你抽出身来把三明治装进袋子。

4. 针管水枪 2+

我家浴室柜里有好多从前给两个孩子喂药用剩的针管或针筒喂药器。你可以挑几样干净的，再找个杯子装满水，一起放到院子里，让孩子们拿它们去浇花或打水仗玩。

5. 户外寻物 3+

给每个孩子准备一张白纸、一个纸袋。在纸上写上或画上可以在大自然里找到的5样东西，例如、叶子、树枝和石头。把它们放在家门口。孩子们发现它们后，你就可以带他们到外面去搜罗那些东西，直到全部找到为止。这个游戏也很适合拿到有很多孩子聚在一起的游戏约会里玩。

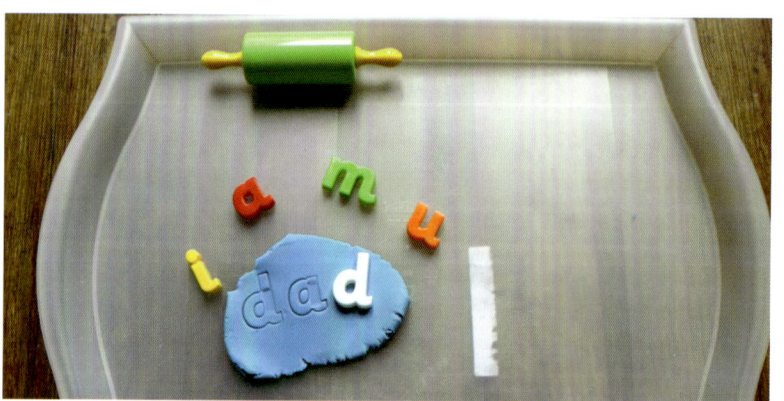

我把磁力字母、磁力数字（还有拼图）这类小东西装在几个大号透明笔袋里，放在柜子里，既节省空间，又方便拿取。

小小游戏 **5**

磁力字母和磁力数字

磁力字母和磁力数字是那种你觉得应该买的东西。也许，你的孩子过阵子要上学了，你觉得它们是很好的学习用具，所以就买了。你自我感觉良好，觉得自己是个棒棒的父母！回到家后，你把它们一股脑地贴到了冰箱上。孩子们发现了它们，可惜兴趣只维持了30秒。这时，你愣住了："接下来该怎么办？"没错，我当初也是这样。下面是我们想出来的几种玩法。

1. 运输大队

搭一段火车轨道或公路，或者用纸胶带贴出一条"路"（如果你愿意，你还可以在"路"中间画出交通标志线）。在"路"的不同位置堆几堆磁力字母或磁力数字，在"路"的尽头放一个多孔蛋糕模，当作"集装箱"。找一辆能运送东西的玩具火车、工程车或卡车，让孩子们开"车"去把一堆堆的"货物"装进"集装箱"！

2. 小小印章

把一块橡皮泥压平，拿磁力字母和磁力数字当印章，印在橡皮泥上。对于小一些的孩子，你只需跟他们聊聊印在上面的图案。你也可以把组成孩子名字的字母递给孩子，看他们能不能把自己的名字在橡皮泥上正确地印出来。对于大一些的孩子，你们可以一起用它们来玩拼词或加减法游戏。这比在纸上写好玩多了！

3. 藏字母

给每个孩子10个磁力字母。让他们拿着这些磁力字母在家里找地方吸上，并且不能让你看见。等他们把字母藏好了，你就去找，趁机和他们聊一聊什么东西有磁性，什么东西没有磁性。现在交换角色，你来藏字母，让孩子们来找。你可以给孩子们一些提示，例如，"什么东西能让家变暖和呀？"或者"什么东西里面是冷冷的呀？"。如果时间充裕，你甚至还可以给他们画一张"字母藏宝图"。

4. 给玩具起名字

找5个玩具，给每个玩具起一个名字（如果玩具们还没有名字的话）。找5枚回形针或安全别针，在每个玩具上别一枚。起好名字后，让你的小家伙们从磁力字母中找出每个名字的首字母，吸到相应玩具的回形针上。

5. 磁力印章

你知道磁力字母和磁力数字可以在磁性画板上当印章用吗？这个玩法能让孩子们方便地学认自己的名字，学习拼写和拼读（关于拼读的详细信息详见第172页），以及学认不符合拼读规则的单词。你也可以"不小心"弄错单词里字母的顺序，让孩子们来纠正。

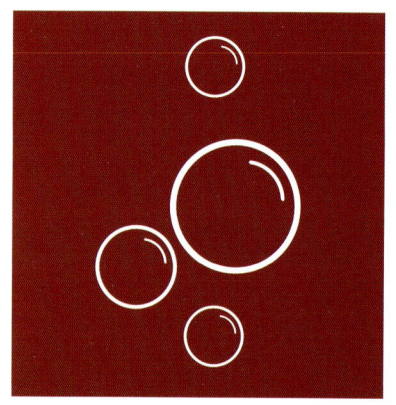

每年圣诞节前的那段日子里，我们家里都会有"小精灵"光顾，他不是来恶作剧的，而是每天捎来一个字母。到平安夜那天，这些字母就能凑出一句话："圣诞老人今晚就要来了"（Father Christmas is coming tonight）我知道圣诞节到了，但是孩子们，学认字母的过程也可以欢乐无比！（特别是在妈妈喝了几杯酒之后……）

小小游戏 5

圣诞游戏

实际上，我几乎不需要特别为圣诞节设计游戏，毕竟12月本身就是"撒欢儿"的月份，不是吗？不过有一次，一家广播电台让我想些点子，以便把圣诞节产生的大量废物利用起来，下面就是其中的几个。

1. 纸筒保龄球 2+ ⚽

一些圣诞道具实际上是用纸筒做的，你可以找 6 个纸筒来当保龄球瓶，再把用过的礼物包装纸揉成一个球。这时，你们就可以用它们来玩保龄球了！其他东西，比如玩腻了的时候（例如，微型塑料放大镜或相框，玩不了半分钟就撇开），就可以来玩玩这个。

2. 团成球 1+

你可以把用剩的礼品包装纸团成球来玩《反弹球》（详见第115页）、《甩掉它》（详见第121页）或《拍老鼠》（详见第31页）游戏。你也可以用它们来把拼图或小玩具包起来，藏进礼物袋，让你的小家伙们去"寻宝"。

3. 寻找猎物 2+ 💬

找两个纸筒，用胶带绑成一副"望远镜"。然后抓一把巧克力"金币"，把它们藏在院子里的不同地方，让你的小家伙们到外面去找。而你就可以窝在暖和的沙发里看电视，吃巧克力了，哈哈！

4. 驯鹿的红鼻子 2+

在一张纸上画一头驯鹿的脑袋，在鼻子的地方抠一个圆洞。找一个红色的绒球，或者用红色的包装纸团一个小球。让你的小家伙们拿吸管去把小球吹进洞里，让驯鹿的红鼻子"归位"！

5. 泡泡迷宫 2+ 💬

在一张纸上画 5 个小"礼物"，用几条线连接起来，做成一个"迷宫"。把这张纸装进塑料文件夹，用胶带封住，或者装进密封袋里，放进托盘。在塑料瓶里挤几滴洗手液，兑上水，用力晃晃，产生许多泡沫。把泡沫水喷在密封着的"迷宫"上面，让泡沫盖住"迷宫"。找一个塑料人偶（最好是圣诞老人）和一根吸管。把圣诞老人放在"迷宫"上，让你的小家伙们用吸管把泡泡吹开，帮助圣诞老人找到所有的"礼物"！

5分钟小食与饮料

1. 饮料盒的翅膀

给孩子们喝利乐砖饮料时,你可以把纸盒两侧的小三角翼掰开,变成一对"翅膀"。让孩子们拿着纸盒的"翅膀"喝饮料,这样饮料就不会被挤出来了。这么做在夏天尤其有用。要是身上洒了果汁的孩子们被黄蜂盯上,你们的快乐野餐可就泡汤了!

2. 吃水果

"来,孩子们,把这碗水果吃了。"不吃?这么说在我家也不管用,除非你的宝宝本来就喜欢吃水果(比如弗洛伦丝),否则他们才懒得听你的话(比如伊万)。不过,假如你把水果削成一把宝剑或一根魔杖,它的吸引力就会瞬间爆棚。这时,你可以把水果插在竹签子(把尖头掰掉)上。我也会给孩子们做水果"奶酪火锅",在蛋杯或小碟子里加入酸奶或巧克力酱,再撒上小糖豆,让孩子们拿水果蘸着吃。

3. 自制冰棍

这是我的最爱!冰棍模具到处都有卖的,我用来做冰棍的原料是鲜果汁。如果我需要在大热天给孩子们补充水分,或者我想让他们安静5分钟,或是想在他们即将哭闹时安抚他们,我就会说:"要不要吃冰棍?"他们觉得冰棍是美味,其实只是果汁而已,还没有添加剂!你完全不必感到愧疚。你也可以用几种水果和酸奶来制作冰棍,不过我很懒,只用了果汁。

4. 薄煎饼大师

周末早上,我经常用面粉、鸡蛋和牛奶给孩子们做薄煎饼。孩子们总想拿着平底锅颠几下,把煎饼颠起来。所以,每次做完薄煎饼,我都会给他们一口干净的小煎锅和一张摊好的饼,让他们颠着玩。

5. 香蕉冰激凌

在冻好的香蕉里加点牛奶,你的"香蕉冰激凌"就可以上桌了!如果香蕉一时吃不完,你就可以这么干!把香蕉去皮、切碎,装进小碗或密封袋,放进冷冻室冷冻。需要时取出来,丢进搅拌机搅拌。你还可以加点巧克力酱、花生酱或香草精来提升口味。孩子们说"好吃"的时候,你就可以摆出一副得意的表情。

一首歌，一支舞

我们喜欢在一天结束前来一场厨房迪斯科。跟孩子们一起跳舞是一件既轻松又愉快的事。不过，孩子们还没有窗台高，路过的邻居会以为是我自己在"发疯"！好极了！

下面是我们跳舞时喜欢放的歌（它们的别称：《睡前耗掉孩子们的精力》）：

1. 黑色蕾丝乐队（Black Lace）的《超人》（*Superman*）：这首歌的歌词里有各种动作，所有人都能跟着跳起来！我的两个小家伙最喜欢结尾节奏加快的那一段。

2. 黑色蕾丝乐队的《我是音乐人》（*I am the Music Man*）：同上。

3. 黑色蕾丝乐队的《阿加度》（*Agadoo*）：在油管里搜索"Black Lace"就能找到。

4. 《霍基科基》（*The Hokey Cokey*）：胳膊和腿伸出去、收回来，再晃晃身体。很容易跳。

5. 《头、肩膀、膝盖和脚趾》（*Head, Shoulders Knees and Toes*）：这是一首非常经典的儿歌。一起跟着歌词做动作。随着节奏越来越快，你们的动作也越来越快，直到你们笑得站不起来！

> 不用说，我在家也经常放迪士尼的歌曲，有时候只是我自己跟着唱。现在大家一起来："let it go!"（《冰雪奇缘》主题曲）

5 分钟小食与饮料

5分钟够吗

短短的5分钟，

够了，

你可以计个时。

如果你今天是头一次坐下来，你会发现时间过得特别快。与此相反，如果你的孩子在放声大哭，你们又在一个拥挤不堪的封闭空间里，时间就会过得异常缓慢。（我想起，那次我们犯了傻，误了返程的飞机，随后必须花双倍价格乘坐其他航班。疲惫过度的伊万一路哭闹！真是一言难尽！）

可是，只要玩5分钟就够了吗？是的，够了。

如果你能花5分钟陪孩子们玩，给予他们100%的高质量关注，那就完美了，甚至不需要玩这本书里的任何一个小游戏。

隔多久玩一次呢？这要看情况。

我说的"5分钟"是指"每次5分钟"。如果我一整天都在家里陪孩子，那么我会打算陪他们玩两次5分钟小游戏，例如，这本书里介绍的那些。一次在上午，一次在下午。

至于其他时间，我会把它们拆成小块。我会确保花5分钟陪孩子们阅读，在睡前或是吃过早餐之后，或者把孩子们没怎么看过的图画书散乱地放在地板上。我也会花5分钟来做一些孩子们喜欢的事情，例如藏猫猫。我们还会花5分钟跟孩子们聊天、拥抱或者在地板上打滚，互相胳肢对方，直到所有人都笑得喘不上气。我还会花5分钟在厨房里跳舞，花5分钟让孩子们收拾房间（虽然一般没什么用，但值得一试）。当然，等到我们都玩累了，我们还有电视和平板电脑可以选择。

还有一些时间，我会用来做为人父母者逃不掉的许多其他杂务。例如给孩子们穿衣服、出门买东西、在孩子们玩耍打闹的时候把碗碟拿出洗碗机、做饭，然后继续清洗更多的碗碟。身为父母，我们要做的事情多如牛毛，我们都知道。而且，我们一不小心就会迷失在杂务的海洋里，总有一些事情需要我们去打理，让我们疲于应付。

如果你要外出工作，陪孩子的时间不多，那么你就可以用这本书里的5分钟小

5分钟够吗

游戏来尽可能充分地把有限的时间利用起来。我一开始写博客的原因之一是为了帮助一个身为心脏病医生的朋友。她是全职的生命拯救者，也是两个孩子的母亲。她想帮助孩子们掌握在幼儿园学到的知识，但是她时间紧张，既要倒班，还要抽时间回家洗澡，所以只能给孩子们玩快捷方便的小游戏。从一定程度上说，我的许多小游戏都是为她而设计。不过，不管你是上班族父母，还是在家带孩子，你们所面对的事情都相当不易，只是分工不同。我们都需要玩起来既快捷又方便的小游戏。

我从来都没有让我的两个孩子坐到桌子前面，然后对他们讲："我们现在来学字母。"或者："现在，我们把从1到10的十个数字写下来。"我只是跟他们玩5分钟小游戏，每天都玩。虽然每次只玩一小会儿，但会经常玩。伊万开始上学的时候，他已经认识了几乎所有的字母和10以内的数字。不过我真正高兴的是，他从那些小游戏当中获得了巨大的快乐。他笑个不停的咯咯声和获胜后兴奋地睁大大眼睛的表情将永远印刻在我的脑海里。我的5分钟小游戏给孩子们带去了欢乐！

时间是有限的，所以一定要一起愉快地度过。快乐永远是第一位的，希望这本书能为你和孩子们插上快乐的翅膀，逆风飞翔！

你不需要别的，只需要短短的5分钟。

集腋成裘，聚沙成塔。

放下手机，

抛开平板，

脱下橡胶手套。

现在就来付诸行动。我保证，5分钟，足够！

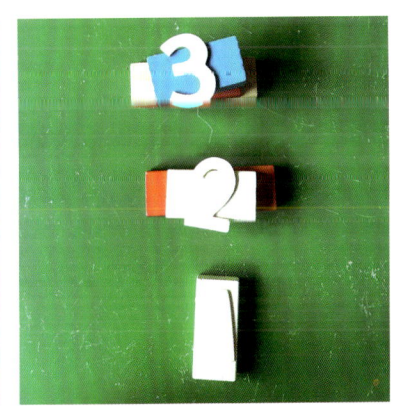

致 谢

首先，我想感谢企鹅兰登书屋的童书部门，感谢你们帮我促成了这本书的出版。每当我力有不逮时，是你们鼓励我继续走下去。我还要特别感谢我的文学经纪人劳伦·加德纳（Lauren Gardner），除去我的朋友和家人外，你是第一个告诉我"我觉得你可以写一本书"，并且推动我真的去做这件事的人。

我想感谢从我开始写博客时起就大力支持我的妈妈们！感谢你们不厌其烦地听我唠叨它，感谢你们读它，宣传它。特别是，你们跟家里的孩子们玩了那些小游戏，让它们走进了孩子们的生命，于是我觉得自己做了有意义的事。乔·豪利（Jo Howley）、尼克·马吉科杜米（Nic Majekodunmi）、迈克拉·帕什利（Michaela Pashley）、杰玛·苏德斯（Gemma Souders）、汉娜·阿斯科特（Hannah Ascott）、瑞贝卡·哈维（Rebecca Harvey）、克莱尔·布莱克本（Claire Blackburn）、珍妮·厄普顿（Jenny Upton）、纳塔利娅·汉考克（Natalie Hancock）、凯丽·莫雷尔（Kelly Morel）、艾玛·罗林森（Emma Rawlinson）、贾丝明·休斯（Jasmine Hughes）、娜特·杰弗里（Nat Jeffrey）和詹娜·安德鲁斯（Jenna Andrews），感谢你们！你们的支持一直在鼓舞我前进。我也感谢5小时爸爸尼克·阿斯科特（Nick Ascott）。

感谢伊丽莎白·桑德斯（Elizabeth Sanders）在网上给我提了很多建议。感谢斯耐·帕特尔（Sneha Patel）在我挣扎的时候给我信心。感谢丹妮尔·刘易斯-科林斯（Danielle Lewis-Collins）总是放下手中的一切来帮我。

感谢几位热心网友在我闯荡陌生又神奇的社交媒体过程中的鼓励。吉娜（Gina）、查拉（Chara）、阿比（Abbie）、汉娜（Hannah）和贝姬（Becky），感谢你们！你们给我打气，支持我，特别是给我带来很多欢笑，我会一直做你们的粉丝！

感谢"囧妈"萨拉·特纳（Sarah Turner）在"博客变书"过程中所提供的持续支持和建议。你给我写了封面推荐语，甚至在社交媒体上关注了我，我好开心！

感谢孩子们的外公威利（Willie）！你总是接送我和孩子，并且在我打字时陪孩子们玩耍，我真幸运！感谢家里有你！

感谢我的丈夫肯尼（kenny）！感谢你总能在我最需要的时候帮助我。感谢你每天都起那么早，还要忍受我测试游戏中所造成的混乱，以及容忍我连续好几个小时不停地看

手机和笔记本电脑。感谢你为我设计了新形象，并且从始至终信任我和我的大计划。这能算是我们结婚一周年纪念日的"纸面"贺礼吗？

我在婚礼上没有讲话，所以，我想借着这个难得的机会来感谢我的母亲和父亲——珍妮（Jennie）和克里夫（Cliff）！不论我做什么，他们永远都会站在我身后坚定地支持我，保护我。我永远都会庆幸有他们做我的父母，我也真心希望，我的两个孩子将来也能这样来看待我。感谢你们为我付出的一切！现在，我也为人父母了，你们的辛苦我都懂了，我只想通过这本用来报答你们所有付出的书来告诉你们，我有多爱你们！

不过，我最需要感谢的人是我家的两个小家伙——伊万和弗洛伦丝！没有你们，这本书就不可能存在！你们是天底下最优秀的游戏测试者。在这个世界上，我最希望的跟我一起玩5分钟小游戏的那两个人就是你们。我永远爱你们，永远都愿意为你们付出一切。非常感谢妈妈在把我们所有的幼稚游戏写在纸上与世界分享时能有你们这两位超级明星加盟。我希望这本书能让我们永远记得，我们曾经拥有的所有欢笑。

致谢

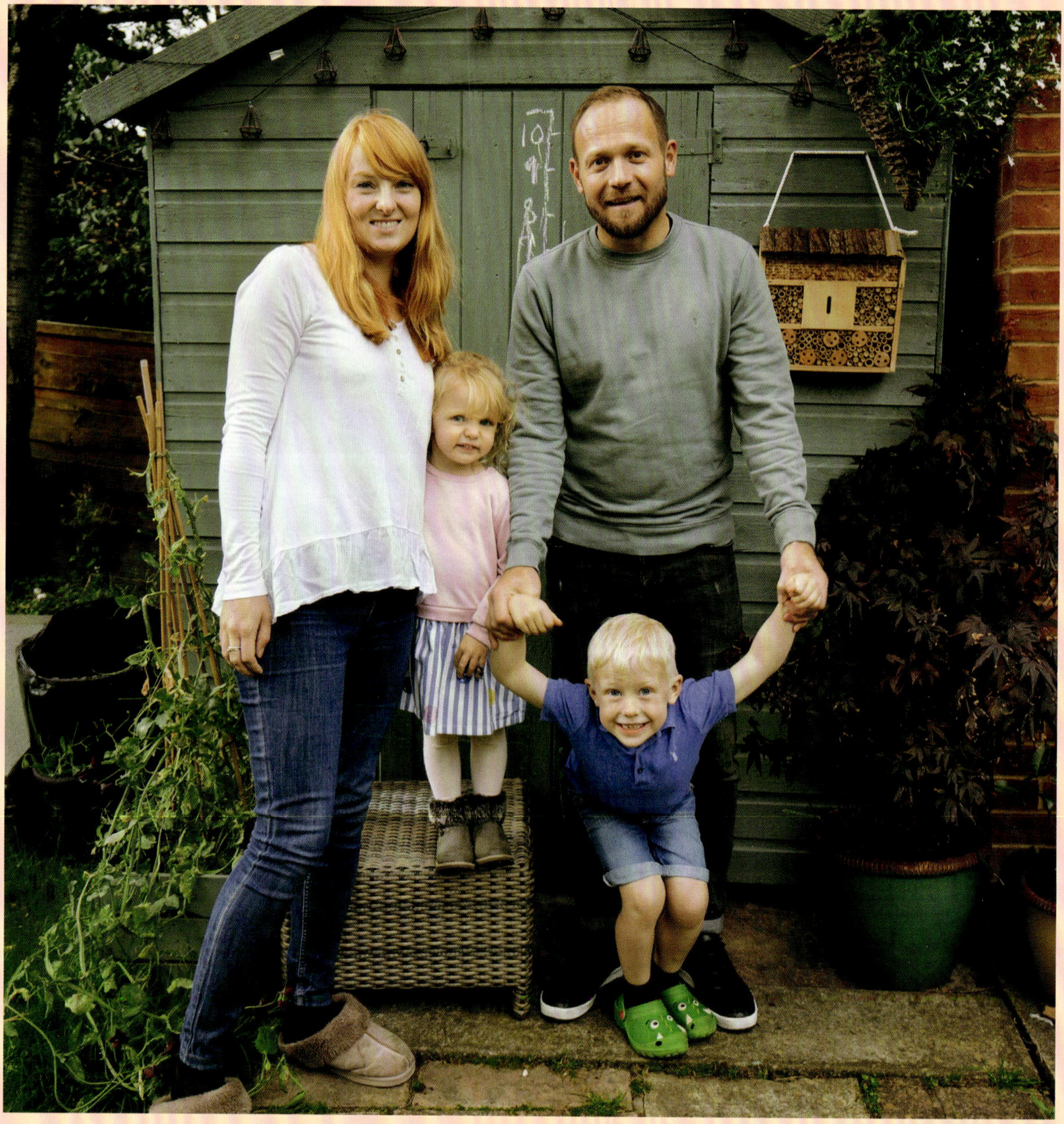

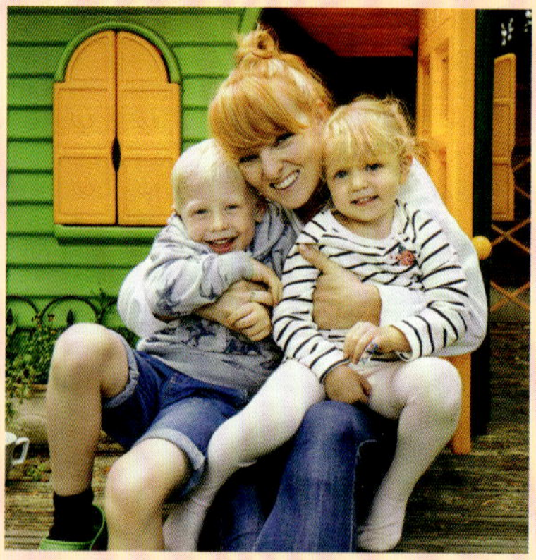

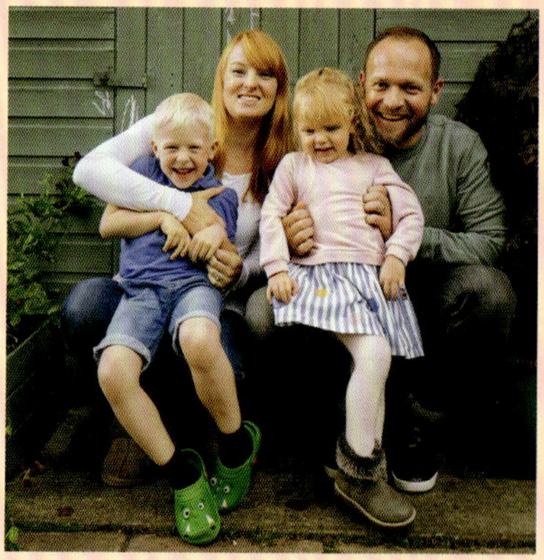

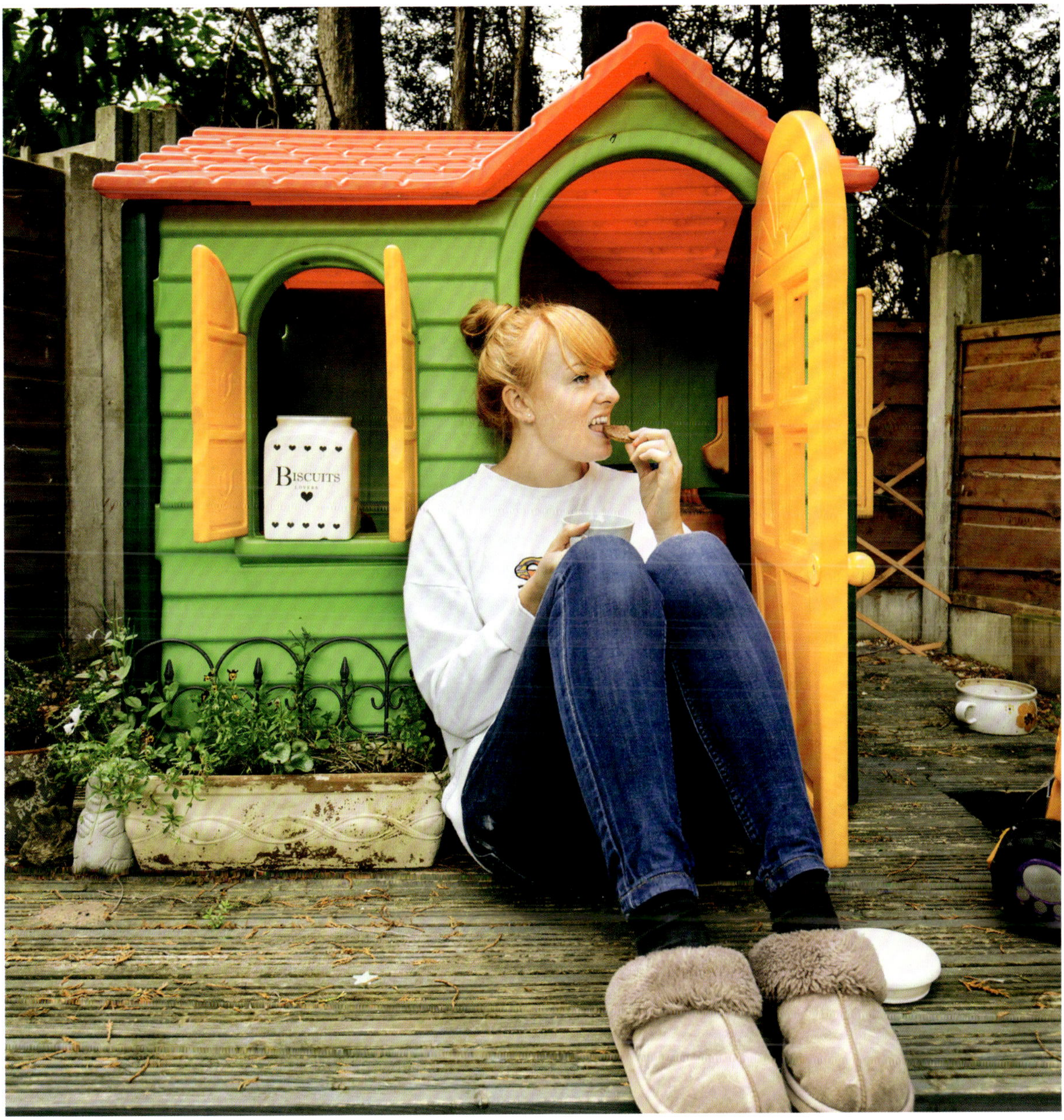
BISCUITS

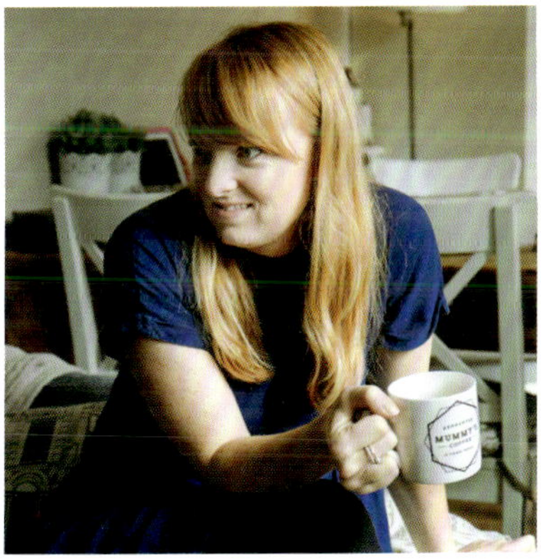
MUMMY

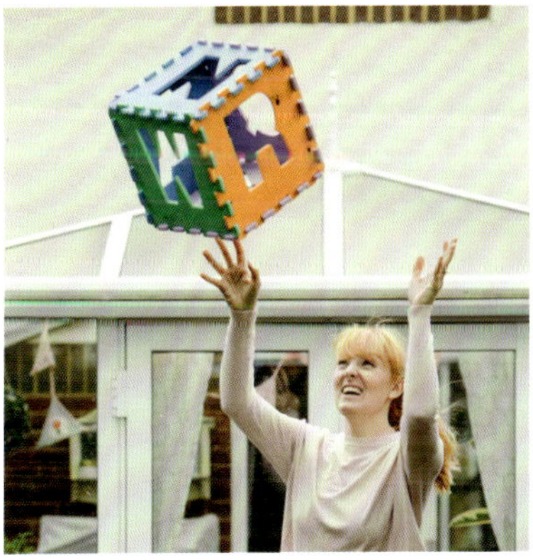

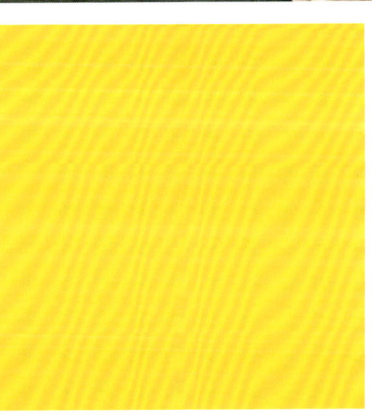